고맙다, 논리야

이야기로 익히는 논리 학습 ❸

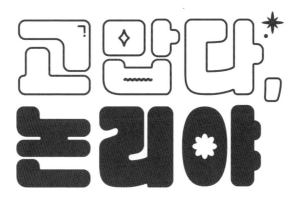

위기철 지음 | 김우선 그림

사계절

이 책을 읽는 독자들에게

우리는 생각을 많이 합니다.

학교 가는 길에도 생각을 하고, 집에 오는 길에도 생각을 하고, 친구들과 이야기하면서도 생각을 하고, 책을 읽으면서도 생각을 하고, 일기를 쓰면서도 생각을 합니다.

그런데 우리는 늘 옳은 생각만 하고 살지는 않습니다. 잘못 생각하여 오해를 하기도 하고, 착각을 하기도 하고, 또는 뭐가 뭔지 혼동스러울 때도 있습니다.

이렇게 잘못된 생각을 할 때마다 여러분은 스스로가 한심하다는 생각도 들 것입니다. 하지만 잘못된 생각은 누구나 하는 것입니다. 어떤 사람도 언제나 올바른 생각만 하고 살 수는 없습니다.

그러나 되도록 옳은 생각을 많이 하고, 잘못된 생각을 줄일 수 있게끔 노력해야 합니다.

옳은 생각을 많이 하고 잘못된 생각을 줄일 수 있는 방법에는 여러 가지가 있습니다. 논리를 배우는 방법도 그 가운데 하나이지요.

이 책은 바로 논리를 배우는 책입니다.

여러분 가운데에는 이 책을 직접 골라서 읽는 사람도 있을 것이고, 부모님이나 선생님이 권해서 읽는 사람도 있을 것입니다.

어떻게 이 책을 읽게 되었든, 이 책에 흥미를 갖고 차근차근 읽어 나가 보세요. 이해하기 어려운 내용이 나오면 껑충 건너뛰어도 좋습니다. 재미있는 이야기만 쏙쏙 골라서 읽어도 좋습니다. 잘 모르거나 궁금한 점은 부모님이나 선생님께 여쭈어 보세요. 또는 저한테 직접 편지를 보내셔도 좋습니다.

이 책을 끝까지 읽고 나면 여러분은 다른 책에서는 배울 수 없던 많은 것들을 새롭게 알게 될 것입니다. 그것은 바로 '생각하는 방법'이지요.

이 책의 내용을 잘 익혀 두면, 여러분은 앞으로 살아가는 동안 반드시 이렇게 외칠 때가 있을 것입니다.

"고맙다, 논리야!"

글쓴이

부모님, 선생님께

1. 논리와 현실의 거리 좁히기

논리학은 '사고의 형식과 법칙'을 다루는 학문입니다.

그래서 논리학을 잘 익혀 두면 조리 있고 설득력 있게 말하거나 글을 쓰는 데 도움이 됩니다. 또 어떤 판단의 옳고 그름을 가르거나, 주장의 정당함을 입증할 때에도 논리적 사고 능력은 반드시 필요합니다.

이처럼 논리학은 여러모로 쓸모 있는 학문이지만, 많은 사람들은 논리학을 일상생활과 관계없는 골치 아픈 학문으로 여기곤 합니다.

논리학이 이렇게 우리의 일상적 사고와 멀어지게 된 데에는 "논리학은 판단의 내용을 다루지 않는다."는 형식논리학의 통념에도 적잖은 원인이 있을 것입니다. 실제로 현대의 기호논리학은 극단적으로 형식에 치우친 나머지, 모든 판단을 수학 공식과 같은 기호로 대치하기도 합니다. 그래서 논리학을 무슨 '허무맹랑한 말장난'이나 '까다로운 퍼즐 문제'처럼 여기는 사람들도 있습니다.

내용을 다루지 않는 논리학이 우리에게 낯설고 골치 아프게 느껴지는 것은 당연합니다.

이 책은 "논리학은 판단의 내용을 다루지 않는다."는 논리학 통념과는 정반대로, 판단의 내용에서부터 형식을 끌어내는 방법으로 서술했습니다.

이야기 속에 나타난, 또는 일상생활 속에 나타난 사고를 논리에 따라 차근차근 정리해 나가다 보면, 논리학도 그리 골치 아픈 학문만은 아님을 느낄 수 있을 것입니다.

이 책을 읽은 어린이들이 "논리적 사고는 일상생활과 결코 무관한 것이 아니다."는 사실만 깨닫는다면, 이 책의 목표는 일단 이루었다고 할 수 있을 것입니다.

2. 이 책을 학습하는 방법

이 책에서는 논리 학습을 위한 여러 가지 주제들을 한 이야기에 한 토막씩 다루었습니다.

그리고 이 토막들마다 '이야기'와 '도움말'과 '알아맞혀 보세요'를 넣었습니다. 물론 이 셋은 모두 하나의 주제를 학습할 수 있게 엮은 것입니다. '이야기'에서 느낀 점을 '도움말'에서 정리하고, '도움말'에서 정리한 것을 다시 '알아맞혀 보세요'에서 적용할 수 있게끔 배치했습니다.

그러니 '이야기' → '도움말' → '알아맞혀 보세요' 순서로 읽게끔 지도해 주십시오.

학년이 낮은 어린이 가운데에는 '도움말'을 어렵다고 느낄 수도 있을 것입니다. 이해 수준이 낮다고 해서, 학습에 지나친 부담을 느끼게 하지는 마십시오. '도움말'을 정 어렵게 느끼는 어린이는 그냥 '이야기' 부분만 죽 읽어 나가게 하여 일단 책에 흥미를 느끼게 해 주세요. 그리고 나중에 '도움말' 가운데 쉬운 부분부터 차근차근 다시 읽게 하면 좋을 것입니다.

'도움말'에는 어린이들한테 익숙하지 않은 개념들이 자주 나옵니다. 이 개념들은 무작정 외우게 하기보다는 그것이 어떻게 쓰이는지를 이해할 수 있게끔 하는 편이 좋습니다. (개념을 외우는 데 너무 부담을 느끼게 하는 것은 좋지 않습니다.)

'알아맞혀 보세요'는 너무 싱겁다고 느낄 만큼 쉬운 문제들로 엮어 놓았습니다. 설사 '도움말'의 내용을 몰라도 상식적인 판단만으로도 충분히 풀 수 있는 문제이니, 부담 없이 풀어 보게 해 주세요.

　그리고 마지막으로 이 책을 어린이 혼자 읽게 하기보다는 어른도 함께 읽을 것을 권하고 싶습니다. 그래서 어린이들이 궁금해하는 점은 그때그때 막힘없이 풀어 주거나 토론하게 해 주십시오.

글쓴이 올림

차 례

여러 가지 오류들·2

길을 가는 두 선비

옛날, 한동네에 사는 김 선비와 박 선비가 과거 시험을 보러 한양으로 떠나게 되었습니다.

두 사람은 함께 여행을 하며 밥도 같이 먹고, 잠도 같이 잤습니다. 그래서 사이가 무척 좋아졌지요.

그러던 어느 날, 두 사람은 깊은 산속에서 길을 잃고 말았습니다. 날은 깜깜해지고 비까지 주룩주룩 내렸습니다.

김 선비가 걱정스러운 목소리로 말했습니다.

"이거 큰일이야. 우리는 참 재수가 없군."

박 선비도 고개를 끄덕였습니다.

"글쎄 말이야."

두 사람은 한동안 어두운 산속을 헤매고 다녔습니다.

얼마쯤 지났을까요?

멀리서 희미한 불빛이 보였습니다. 두 사람은 불빛을 따라 부

15

리나케 달려갔습니다.

　그곳에는 작은 산골 주막이 있었습니다. 주막을 보자 김 선비가 반갑게 외쳤습니다.

　"아이고, 살았구나! 나는 참 재수가 좋군."

　박 선비도 고개를 끄덕였습니다.

　"음, 정말 다행이구먼……."

　어쩐지 박 선비 표정이 밝지 않았습니다.

　두 사람은 주막에서 하룻밤을 묵고 다시 길을 떠났습니다.

　어느 옹달샘 근처에 다다랐을 때였습니다.

김 선비가 물을 마시려는 순간 물속에 뭔가 반짝이는 게 있었습니다. 손을 집어넣어 꺼내 보니, 꽤 묵직한 금가락지였습니다.

"이게 웬 떡이냐? 하하하! 나는 참 재수가 좋군!"

김 선비는 봇짐 속에 금가락지를 집어넣으면서 말했습니다.

그 모습을 보며 박 선비는 빙긋 웃었습니다.

"그래, 자네는 오늘 참 재수가 좋군."

두 사람은 옹달샘에서 조금 쉬다가 다시 길을 떠났습니다.

얼마쯤 가는데, 누군가가 뒤에서 두 사람을 불렀습니다. 돌아보니 웬 젊은 아낙이 헐레벌떡 뛰어오고 있었습니다.

"여보세요, 혹시 저기 옹달샘에서 금가락지를 못 보셨나요? 아까 물을 마시다가 그만 빠뜨렸나 봐요."

금가락지 주인이 틀림없었습니다.

김 선비는 금가락지를 꺼내 아낙에게 돌려주었습니다.

젊은 아낙이 고맙다며 인사를 하고 떠나자, 김 선비는 입맛을 쩝쩝 다시며 중얼거렸습니다.

"좋다가 말았네. 우리는 참 재수가 없군."

그러자 박 선비가 발칵 화를 냈습니다.

"여보게, 이제 보니 자네는 참 믿을 수 없는 사람이로군. 어젯밤 곤경에 빠졌을 때 자네는 '우리는 재수가 없다.'고 하더니, 주막을 발견하자 '나는 재수가 좋다.'고 했지? 오늘만 해도 그렇네. 금가락지를 주웠을 때는 '나는 재수가 좋다.'고 하더니, 주인

17

이 다시 가져가니까 '우리는 재수가 없다.'고 말하는군. 자네한테 좋은 일에는 '나'고, 나쁜 일에는 '우리'란 말인가? 거참, 아주 고약한 친구로군. 에잉!"

박 선비는 그렇게 말하고는 혼자 휭하니 가 버렸습니다.

김 선비는 무안해서 그만 얼굴이 새빨개졌지요.

동일률

우리가 논리를 써서 판단을 하거나 추리를 할 때는 반드시 지켜야 할 규칙이 있습니다.

첫 번째 규칙은 **동일률**입니다.

'동일률'이란, 앞에서 한 번 썼던 개념이나 판단은 뒤에서 쓸 때도 **동일**하게(똑같이) 써야 한다는 규칙입니다. 그렇지 않고 제멋대로 이랬다 저랬다 바꾸면 논리는 엉망이 되고 맙니다.

김 선비처럼 자기한테 좋은 일에는 '나'라고 했다가 나쁜 일에는 '우리'라고 하는 식으로 오락가락해서는 안 됩니다.

금가락지를 주웠을 때 "나는 재수가 좋다."고 했으면, 금가락지를 주인이 가져갔을 때도 "나는 재수가 없다."고 해야 합니다.

그렇지 않으면 재수가 좋은 것이 '나'인지 '우리'인지 도무지 분간을 할 수 없게 되겠지요.

특히 법률을 집행할 때와 같은 경우에는 '동일률'을 꼭 지켜야 합니다.

이를테면 어떤 판사가 만만한 사람한테는 "도둑질을 했으니 유죄!"라고 판결했다가, 돈도 많고 지위도 높은 사람한테는 "도둑질을 했지만 무죄!"라고 판결한다면 어떨까요?

만일 법관들이 이렇게 '동일률'을 멋대로 어긴다면, 그 사회는 엉망진창이 되고 말겠지요?

이다음에 법관이 되려는 꿈을 가진 사람은 '동일률을 지켜야 한다.'는 사실을 꼭 머릿속에 담아 두세요. 그래야 훌륭한 법관이 될 수 있을 테니까요.

'동일률'은 판단을 할 때뿐만 아니라, 개념을 쓸 때도 꼭 지켜야 합니다.

"모든 죄인은 감옥에 가야 한다. 그런데 목사님은 스스로를 죄인이라고 한다. 그러므로 목사님은 감옥에 가야 한다."

이 말은 어째서 틀렸을까요?

그래요. 이 말도 '동일률'을 어긴 것입니다.

"모든 죄인은 감옥에 가야 한다."에서 쓴 '죄인'과 "목사님은 스스로를 죄인이라고 한다."에서 쓴 '죄인'은 동일한 개념이 아니지요?

앞에서 '죄인'을 '법률을 어긴 사람'이라는 개념으로 썼으면, 뒤에서도 동일한 개념으로 써야 합니다.

그렇게 하지 않으면 "목사님은 감옥에 가야 한다."는 식의 엉뚱한 결론이 나오게 될 테니까요.

알아맞혀 보세요!

다음은 '동일률'을 어긴 예들입니다. 어떤 부분이 '동일률'을 어겼는지 곰곰이 살펴보세요.

- 실패는 성공의 어머니이다. 그런데 어머니는 여자이므로 성공의 어머니인 실패도 여자이다. 우리는 주변에서 남자들보다 여자들이 실패를 잘하는 모습을 볼 수 있는데, 그 까닭은 바로 실패가 여자이기 때문이다.

- 죄를 지은 사람은 벌을 받는다. 그들이 벌을 받아서 키운다면 꿀을 얻을 수 있고, 꿀을 팔면 돈을 많이 벌게 될 것이다. 이럴 수가! 죄를 짓고도 돈을 벌다니!

창과 방패

옛날, 어느 장터에 무기를 파는 장사꾼이 창과 방패를 팔고 있었습니다.

장사꾼은 창을 번쩍 치켜들며 자랑을 했습니다.

"자, 여러분! 이 창으로 말씀드릴 것 같으면, 무쇠도 꿰뚫는 날카로운 창입니다. 이 창만 가지고 있으면 아무리 튼튼한 방패를 가진 적을 만나도 단번에 해치울 수 있지요. 이 창으로 뚫지 못하는 방패는 하나도 없으니까 말입니다. 자, 어떤 방패도 뚫는 날카로운 창을 사세요!"

장터에 모인 사람들은 장사꾼이 자랑하는 창을 만져 보았습니다. 그 창은 정말 날카로워 보였습니다.

사람들이 모여들자 장사꾼은 신바람이 났습니다.

장사꾼은 이번에는 방패를 치켜들며 자랑을 했습니다.

"자, 여러분! 이 방패로 말씀드릴 것 같으면, 아무리 날카로

21

운 창도 척척 막아 내는 단단한 방패랍니다. 이 방패가 막지 못
하는 창은 하나도 없습니다. 이 방패를 가지고 전쟁터에 나가면
아무리 날카로운 창을 가진 적을 만나도 끄떡없습니다. 자, 어
떤 창도 막아 내는 단단한 방패를 사세요!"

사람들은 장사꾼이 자랑하는 방패도 만져 보았습니다. 그 방
패는 정말 단단해 보였습니다.

사람들은 수런거리며 장사꾼의 창과 방패를 칭찬했습니다.

그때 어떤 사람이 장사꾼에게 물었습니다.

"이 창으로 못 뚫는 방패는 하나도 없나요?"

"그럼요, 하나도 없지요!"

"그리고 이 방패로 못 막는 창은 하나도 없나요?"

"아, 그렇다니까요!"

그 사람은 고개를 갸웃거리며 다시 물었습니다.

"그러면 그 창으로 그 방패를 찌르면 어떻게 되나요?"

"이 창으로 이 방패를 찌르면……."

장사꾼은 아무 대답도 할 수가 없었습니다.

그러자 모여 있던 사람들이 와아 웃음을 터뜨렸습니다.

"정말 그렇군! 어떤 방패도 꿰뚫는 창으로 어떤 창도 막아 내는 방패를 찌르면 어떻게 되는 거야?"

"그러고 보니 저 사람 순 엉터리구먼!"

장사꾼은 얼굴이 새빨개져서 주섬주섬 창과 방패를 챙겨 들고 재빨리 장터를 빠져나갔습니다.

(도움말) **모순율**

이 이야기는 열다섯 번째 이야기에서 '반대 관계인 개념과 모순 관계인 개념'을 배울 때도 나왔던 이야기지요?

논리를 쓸 때 반드시 지켜야 할 두 번째 규칙은 **모순율**입니다.

'모순율'이란, '함께 성립할 수 없는(**모순** 된) 관계에 있는 개념이나 판단을 동시에 쓸 수 없다는 규칙이지요.

'어떤 방패도 꿰뚫는 창', '어떤 창도 막아 내는 방패'는 함께 성립할 수 없는 모순 된 관계이지요?

그런데 마치 이것이 동시에 있을 수 있는 것처럼 말했으니, 무기 장사꾼은 '모순율'을 어긴 것입니다.

'모순율'을 어긴 예를 하나 더 들어 볼까요?

어느 숲 속 나라에서 대통령을 뽑기로 했습니다.

대통령 후보로 나온 여우는 사슴 마을에 가서 이렇게 말했습니다.

"사슴 여러분! 만일 저를 대통령으로 뽑아 주시면, 호랑이들이 절대로 사슴을 못 잡아먹도록 법을 만들겠습니다!"

그러고 나서 호랑이 마을에 가서는 이렇게 말했습니다.

"호랑이 여러분! 만일 저를 대통령으로 뽑아 주시면, 사슴들을 마음껏 잡아먹을 수 있도록 법을 만들겠습니다!"

"호랑이들이 사슴을 절대로 못 잡아먹게 하겠다."와 "호랑이가 사슴들을 마음껏 잡아먹게 하겠다."는 함께 성립할 수 없는 모순 된 판단이지요?

그런데 여우는 이 일을 동시에 할 수 있는 것처럼 떠벌려 댔으니, '모순율'을 어긴 것입니다.

그래요. 만일 숲 속 동물들이 여우처럼 모순 된 주장을 하는 동물을 대통령으로 뽑는다면, 숲 속 나라의 앞날은 캄캄해지고

말 거예요.

'모순율'을 지킬 때는 주의할 점이 하나 있습니다.

그것은 상황의 변화를 무시하고 무턱대고 '모순율'을 주장하면 안 된다는 점입니다.

"준호는 공부를 못한다."

"준호는 공부를 잘한다."

이 두 판단을 '동시에' 쓴다면 모순율을 어기는 것입니다. 하지만 공부를 못했던 사람도 열심히 노력하면 잘하게 될 수도 있잖아요?

'모순율'을 지켜야 한다고 해서 준호가 공부를 잘하게 되었는데도 "준호는 공부를 못한다." 하고 말하면 안 되겠지요?

알아맞혀 보세요!

- 어떤 철학자가 이렇게 주장했습니다.

  "우리는 어떤 주장도 해서는 안 됩니다."

  철학자의 말은 '모순율'을 어긴 것입니다. 왜 그럴까요?

- 무기 장사꾼이 장터에 와서 이렇게 말했습니다.

  "이 창은 어떤 방패도 꿰뚫는 창입니다."

  그는 몇 달 뒤에 다시 장터에 와서 이렇게 말했습니다.

"이 방패는 어떤 창도 막아 내는 방패입니다."

만일 이런 경우라면 무기 장사꾼은 '모순율'을 어겼다고 할 수 없습니다. 왜 그럴까요?

어미 토끼의 잘못

어느 숲 속에 토끼 가족이 살고 있었습니다.

형 토토와 동생 끼끼는 나이 차이가 얼마 나지 않아서 걸핏하면 다투곤 했지요.

어느 날, 토토가 끼끼에게 말했습니다.

"뱀은 알을 낳는 거야. 틀림없어!"

그러자 끼끼가 우겼습니다.

"천만에, 뱀은 알을 낳지 않아! 새끼를 낳는다구!"

토토와 끼끼는 이 문제로 또 다투기 시작했습니다.

"나는 뱀이 낳은 알을 내 눈으로 똑똑히 본 적도 있어, 이 멍청아!"

"나 참, 누가 멍청이인지 모르겠네. 알은 날개 달린 동물들만 낳는 거야!"

한참 동안 옥신각신 다투어도 결말이 나지 않자, 토토와 끼끼

27

는 엄마 토끼한테 달려갔습니다.

"엄마, 뱀은 알을 낳죠? 그렇죠?"

"아니에요. 뱀은 알을 낳지 않아요. 제 말이 맞죠?"

엄마 토끼는 토토와 끼끼에게 이렇게 대답했습니다.

"토토 말도 맞고, 끼끼 말도 맞아. 뱀은 알을 낳기도 하고 알을 낳지 않기도 해."

엄마 토끼 말에 토토와 끼끼는 고개를 갸웃거리며 입을 다물었습니다. 둘 다 맞다는데야 더 다툴 필요가 없었지요.

어느 날, 토토와 끼끼는 다른 문제를 가지고 또 다투었습니다.

"코끼리는 곰보다 훨씬 더 큰 동물이야!"

"아니야! 넌 곰을 한 번도 못 본 모양이구나. 곰은 세상에서 가장 큰 동물이야!"

"그림책에는 분명히 코끼리가 더 크게 그려져 있어!"

"그림책을 어떻게 믿어?"

토토와 끼끼는 또 엄마 토끼한테 가서 누구 말이 옳은지 가름해 달라고 부탁했습니다.

엄마 토끼는 토토와 끼끼에게 이렇게 말했습니다.

"토토 말도 맞고, 끼끼 말도 맞아. 코끼리는 곰보다 크기도 하고 크지 않기도 해."

토토와 끼끼는 고개를 갸우뚱했지만, 둘 다 맞다는 말을 듣자 더 다투지 않았습니다.

엄마 토끼는 토토와 끼끼가 다툴 때마다 늘 "토토 말도 맞고, 끼끼 말도 맞아. ○○이기도 하고 □□이기도 해." 하는 식으로 말해 주었지요.

그래서 토토와 끼끼는 더 이상 다투지 않고 늘 이렇게 떠들며 놀았습니다.

"해는 동쪽에서 뜨기도 하고 서쪽에서 뜨기도 하는 거야."

"맞아. 비가 오면 털이 젖기도 하고 젖지 않기도 해."

"하하하, 재미있다! 저것은 산딸기이기도 하고 산딸기가 아니기도 해."

그 모습을 보고 엄마 토끼도 흐뭇하게 웃었습니다.

"녀석들, 별것도 아닌 걸 가지고 다투더니……."

그러던 어느 날 토토와 끼끼가 노는데, 숲 속에서 커다란 늑대 한 마리가 어슬렁어슬렁 걸어 나왔습니다.

토토와 끼끼는 웃으며 말했습니다.

"저것은 늑대이기도 하고 늑대가 아니기도 해."

"맞아. 늑대는 토끼를 잡아먹기도 하고 안 잡아먹기도 해."

둘은 달아날 생각도 하지 않고 태연하게 깡충깡충 뛰며 놀았습니다.

자, 토토와 끼끼는 어떻게 되었을까요?

도움말 **배중률**

어미 토끼는 토토와 끼끼더러 사이좋게 놀라고 "뱀은 알을 낳기도 하고 알을 낳지 않기도 한다.", "코끼리는 곰보다 크기도 하고 크지 않기도 하다."는 식으로 말했습니다.

하지만 이것은 토토와 끼끼를 도리어 혼란에 빠뜨렸습니다.

논리에서는 '이다'면 '이다'로, '아니다'면 '아니다'로 분명하게 판단해야 합니다. '이기도 하고 아니기도 하다'는 식으로 어정쩡하게 판단해서는 안 됩니다.

이것이 바로 논리를 쓸 때 반드시 지켜야 할 세 번째 규칙인 **배중률**이랍니다.

'배중률'이란 '**중**간을 **배**제하는 **규율**'이라는 뜻이지요.

'열아홉 번째 이야기'에서 '긍정 판단과 부정 판단'을 배울 때, 예수님이 제자들한테 이렇게 가르쳤다는 얘기를 했지요?

"너희는 그저 '예' 할 것을 '예' 하고, '아니오' 할 것을 '아니오'라고만 하여라. 그 이상의 말은 악에서 나오는 것이다."

예수님도 아마 '배중률'을 잘 알고 있었던 모양입니다.

우리가 흔히 쓰는 말 가운데 '배중률'을 어긴 예들을 꼽아 볼까요?

여러분은 때때로 친구한테 이런 식으로 말하곤 합니다.

"너 오늘 숙제 안 했지? 너 이제 선생님한테 반쯤 죽었다!"

반쯤 죽다니요? '죽는다'도 아니고 '산다'도 아니고 '반쯤 죽는다'는 게 대체 뭡니까?

아마 "꾸지람을 많이 들을 것이다."라는 뜻을 좀 과장해서 말한 것이겠지요.

우리는 일상생활에서 이런 식의 말들을 흔히 쓰지만, 논리를 써서 정확하게 말할 때 이런 말을 쓰면 곤란합니다.

또 이런 경우는 어떨까요?

"보람이 주장은 옳기도 하고 틀리기도 해."

이것도 '배중률'에 어긋난 잘못된 말입니다.

그러면 어떻게 말해야 정확한 말이 될까요?

"보람이 주장은 이러이러한 점에서는 옳지만, 저러저러한 점에서는 틀리다."

알겠지요? 그저 "옳기도 하고 틀리기도 하다."라고 말하면, 보람이는 자기 주장이 옳은 건지 틀린 건지 어리둥절하겠지요?

'배중률'을 어긴 말에 또 어떤 것이 있는지 여러분도 한번 찾아보세요.

알아맞혀 보세요!

다음 말들 가운데 '배중률'에 어긋난 부분을 찾아보세요. 또 이 말들을 '배중률'에 어긋나지 않게 하려면 어떻게 고쳐야 할지 생각해 보세요.

• 귀신은 있을 수도 있고 없을 수도 있지.

• 그 문제는 알 듯 말 듯 한데요.

• 나는 슬기가 좋기도 하고 싫기도 해.

해와 달 이야기

옛날 옛날, 어느 산골 마을 오두막집에 어머니와 어린 오누이가 살고 있었습니다. 세 식구는 어머니가 이웃 마을에 가서 일을 해 주고 받는 품삯으로 하루하루 먹고 살았지요.

어느 날, 어머니는 이웃 마을 부잣집에 잔치 일을 거들어 주고 떡을 얻어 집으로 돌아오는 길이었습니다. 그런데 커다란 호랑이가 나타나 어머니 앞을 떡 가로막았어요.

호랑이는 고개를 넘을 때마다 "떡 하나 주면 안 잡아먹지!", "팔 하나 떼어 주면 안 잡아먹지!" 하더니, 마침내는 어머니를 잡아먹고 말았지요.

어머니를 잡아먹은 호랑이는 어머니 옷으로 갈아입고, 오누이가 사는 오두막집으로 갔습니다. 그리고 목소리를 꾸며 말했습니다.

"얘들아, 엄마 왔다."(⇨ 거짓말)

방 안에 있던 오누이는 고개를 갸웃거리며 말했습니다.

"우리 어머니 목소리는 그렇게 쉰 목소리가 아니에요."

호랑이는 얼른 둘러댔습니다.

"하루 종일 일을 했더니 목이 부어서 그래."(⇨거짓말)

"그러면 손을 내밀어 보세요. 우리 어머니 손은 희고 고와요."

그러자 호랑이는 재빨리 부엌으로 가서 손에 밀가루를 바르고 왔습니다. 그리고 문틈으로 손을 보여 주었습니다.

그 손을 보고 오누이가 말했습니다.

"아, 진짜 우리 어머니구나."(⇨오류)

그러면서 문을 열어 주었지요.

하지만 어머니가 아니라 호랑이였습니다.

오누이는 재빨리 뒷문으로 달아나 우물가에 있는 나무 위로 올라갔습니다.

호랑이도 오누이를 뒤쫓아 우물가로 나왔습니다. 호랑이는 두리번거리다가 우물 속을 들여다보았습니다.

우물물에 나무 위로 숨은 오누이 모습이 비쳤습니다.

"옳지! 너희들 우물 속에 숨어 있었구나."(⇨오류)

호랑이는 우물 속으로 뛰어들려고 했습니다.

그런데 나무 위에 있던 누이동생이 호랑이가 하는 꼴을 보고 그만 깔깔 웃음을 터뜨리고 말았습니다.

호랑이는 그제야 나무 위에 있는 오누이를 보았지요.

호랑이는 나무 위로 올라가려고 애를 썼지만, 자꾸 미끄러졌습니다.

"너희들 어떻게 거기에 올라갔니?"

오빠는 이렇게 대답했습니다.

"손에 참기름을 바르고 올라왔어요."(⇨거짓말)

그 말을 듣고 호랑이는 손뼉을 쳤습니다.

"그래! 손에 참기름을 바르고 올라가면 되겠구나."(⇨오류)

호랑이는 얼른 부엌으로 달려가 참기름을 손에 잘 바른 다음, 나무로 올라가려고 했습니다. 그러나 호랑이는 자꾸 주르르 미끄러지기만 했습니다.

그 모습을 보고 철없는 누이동생이 이렇게 말했습니다.

"도끼로 나무를 쿵쿵 찍어 발 디딜 곳을 만들면 쉽게 올라올 수 있는데."

호랑이는 얼른 도끼를 가져와 나무를 쿵쿵 찍어 발 디딜 곳을 만들었습니다. 그랬더니 나무에 오르기가 한결 쉬웠습니다.

오누이는 호랑이가 다가오자, 하늘을 향해 빌었습니다.

"하늘님, 하늘님! 저희를 살리려면 굵은 동아줄을 내려 주시고, 저희를 죽이려면 썩은 동아줄을 내려 주세요."

그러자 하늘에서 굵은 동아줄이 내려왔습니다.

오누이는 동아줄을 붙잡고 하늘로 올라가 버렸지요.

호랑이도 하늘을 향해 빌었습니다.

"하늘님, 하늘님! 저를 살리려면 굵은 동아줄을 내려 주시고, 저를 죽이려면 썩은 동아줄을 내려 주세요."

그러자 하늘에서 동아줄이 내려왔습니다.

호랑이도 동아줄을 붙잡고 하늘로 올라가려고 했습니다. 그러나 그 동아줄은 썩은 동아줄이었지요.

호랑이는 동아줄이 뚝 끊어지는 바람에 땅에 떨어져 죽었답니다. 그리고 오누이는 하늘로 올라가서 오빠는 달님이 되고, 누이동생은 해님이 되었답니다.

오류와 거짓말

이 이야기는 다 아는 이야기지요?

판단은 우리의 행동을 이끌어 주는 길잡이 노릇을 합니다. 그래서 판단을 옳게 해야 행동도 옳게 할 수 있습니다.

만일 오누이가 "문밖에 서 있는 건 어머니가 아니라 호랑이이다." 하고 옳게 판단했더라면 쉽사리 문을 열어 주지 않았겠지요. 오누이는 판단을 틀리게 했기 때문에 호랑이를 방 안으로 불러들이는 그릇된 행동을 한 것입니다.

판단을 옳게 하는 것은 매우 중요한 일이지만, 우리는 언제나 옳은 판단만 하고 살지는 않습니다. 때때로 틀린 판단을 하고 나서 "아차!" 할 때도 있고, 또 틀린 판단인지 아닌지조차 구분하지 못할 때도 많습니다.

이렇게 '모르고 하는 틀린 판단'을 논리에서는 **오류**라고 합니다.

오류는 거짓말과는 좀 다르답니다. 오류와 거짓말은 '거짓 판단'이라는 점에서는 똑같습니다. 그러나 거짓말은 남을 속이려고 일부러 하는 거짓 판단이지만, 오류는 그것이 옳다고 믿고 하는 거짓 판단이지요. 그러니까 거짓말은 속임수에 가깝고, 오류는 실수에 가깝다고 생각하면 됩니다.

예를 들어 볼까요?

"얘들아, 엄마 왔다."

호랑이가 이렇게 말한 것은 오누이를 속이려고 한 '거짓말'입니다.

"아, 진짜 우리 어머니구나."

오누이가 이렇게 생각한 것은 '오류'입니다. 오누이는 문밖에 있는 것이 어머니라고 진짜로 믿었던 것이지요.

"옳지! 너희들 우물 속에 숨어 있었구나."

또 호랑이가 우물물에 비친 오누이를 보고 이렇게 생각한 것은 '오류'입니다. 호랑이는 오누이가 우물 속에 숨어 있다고 진짜로 믿었던 것이지요.

"손에 참기름을 바르고 올라왔어요."

오빠가 이렇게 말한 것은 '거짓말'입니다. 호랑이가 나무에 올라오지 못하게 하려고 한 말이지요.

거짓말쟁이는 그것이 거짓 판단인 줄 뻔히 알면서도 거짓 판단을 합니다. 하지만 오류를 저지르는 사람은 그것이 거짓 판단인 줄 모르기 때문에 거짓 판단을 하는 것이지요.

그러므로 거짓말은 '정직하지 못한 거짓 판단'이고, 오류는 '정직한 거짓 판단'인 셈입니다.

여러분은 '실패는 성공의 어머니'라는 말을 들어 본 적이 있을 것입니다. 실패를 거울삼아 더욱 노력하면 발전하게 된다는 뜻이지요.

오류도 그렇답니다. 한 번 오류를 저질렀다고 해서 실망할 필요는 없습니다. 한 번 저지른 오류를 거울삼아 어째서 오류를 저지르게 되었는지, 또 어떻게 하면 앞으로 오류를 안 저지르게 될지 곰곰이 따져 본다면, 오류도 '성공의 어머니'가 될 수 있답니다.

그러니 여러분은 거짓말을 하는 것은 부끄럽게 생각해야 하지만, 오류를 저지르는 것은 부끄럽게 생각할 필요가 없습니다.

그런데 우리 주변에는 도리어 거짓말을 할 때는 자기 꾀를 뽐내다가도 오류를 저질렀을 때는 부끄러워하는 사람들이 많습니

거짓말은 '정직하지 못한 틀린 판단'이고,

오류는 '정직한 틀린 판단'이다!

다. 이런 사람들은 정말 한심한 사람들이지요?

자, 다음 이야기부터는 어떻게 하면 오류를 안 저지를 수 있는지, 우리가 저지르기 쉬운 오류에는 어떤 것들이 있는지 자세히 살펴봅시다.

알아맞혀 보세요!

다음은 여러분이 잘 아는 옛날이야기에 나오는 말들입니다. 이 말들 가운데 '오류'와 '거짓말'과 '참말'을 구분해 보세요.

- 토끼 : 간을 꺼내 바위에 널어 놓고 왔습니다.
  용왕 : 그럼 뱃속에는 간이 없겠군.

- 양치기 소년 : 으악! 이번에는 진짜로 늑대가 나타났어요!
  마을 사람들 : 흥! 저 녀석이 또 거짓말을 하는구나.

- 여우 : 까마귀님 목소리는 세상에서 가장 고와요.
  까마귀 : 아무렴, 내 목소리는 정말 곱지.

돼지고기를 싫어하는 장군

옛날, 중국에 돼지고기를 아주 싫어하는 장군이 있었습니다. 그 장군은 돼지만 보아도 온몸에 두드러기가 날 정도였지요.

"돼지고기는 정말 끔찍한 음식이야!"

장군은 늘 이렇게 생각했답니다.

그러던 어느 날이었습니다.

어떤 병사 둘이서 서로 말다툼을 하다가 나중에는 주먹질까지 하며 싸움질을 벌였습니다.

그런데 때마침 지나가던 장군이 이 광경을 보게 되었지요.

"이런 고약한 놈들! 적과 싸우는 것도 힘이 모자랄 판인데, 같은 동료들끼리 싸움질을 하다니!"

장군은 고래고래 고함을 치며 화를 냈습니다.

"너희 같은 놈들은 정신이 번쩍 들 만큼 끔찍한 벌을 받아야 해!"

장군의 불호령에 두 병사는 오들오들 떨었습니다. 장군이 무슨 벌을 내릴까 가슴이 조마조마했던 것이지요.

장군은 옆에 있는 부하에게 명령했습니다.

"여봐라! 지금 당장 푹 삶은 돼지고기 한 광주리를 구해 오너라!"

부하는 얼른 달려가 삶은 돼지고기를 가져왔습니다.

장군은 두 병사에게 말했습니다.

"너희는 싸움질한 벌로 이 느글느글한 돼지고기를 한 점도 남김없이 다 먹어야 한다. 만일 한 점이라도 남기면 살아남지 못할 줄 알아라!"

병사들은 모두 어리둥절했습니다. 벌을 내린다면서 느닷없이 돼지고기를 먹으라고 하니 말입니다.

어쨌거나 두 병사는 장군이 시킨 대로 돼지고기를 먹기 시작했습니다.

그러는 동안 장군은 팔짱을 낀 채 '요놈들, 어디 혼 좀 나 봐라!' 하는 표정을 짓고 있었지요.

두 병사는 순식간에 돼지고기 한 광주리를 맛있게 먹어 치웠습니다. 오랜만에 기름진 음식을 배가 터질 정도로 실컷 먹은 셈이지요.

장군은 아주 고소하다는 표정을 지으며 말했습니다.

"이놈들! 그 끔찍한 돼지고기를 한 광주리씩이나 먹었으니, 이젠 정신이 번쩍 들었겠지?"

그러더니 병사들에게 엄한 목소리로 으름장을 놓았습니다.

"앞으로 한 번만 더 싸움질을 해 봐라. 그때는 돼지고기를 두 광주리씩 먹일 테다!"

도움말 오류 막기 ① 주관적으로 판단하지 말자

자기가 돼지고기를 싫어한다고 해서 다른 사람들까지 모두 돼지고기를 싫어하는 것은 아니잖아요?

장군한테야 돼지고기를 먹는 일이 '가장 끔찍한 벌'일 테지만, 병사들한테는 도리어 '가장 좋은 상'이 되겠지요.

장군은 자기 입맛만 생각하고 판단했기 때문에 벌을 줘야 할 사람한테 도리어 상을 주는 어리석은 오류를 저지르게 된 것입니다.

이제 부하들은 돼지고기를 얻어먹으려고 너도나도 싸움질을 벌이게 될지도 모르겠네요. 정말 우스꽝스러운 일이지요?

장군과 같은 식의 판단을 가리켜 이렇게 말하기도 합니다.

"그건 주관적인 판단이다!"

'주관적인 판단'이란 '자기 중심으로 제멋대로 하는 판단'이라는 뜻이지요.

여러분은 '스물여섯 번째 이야기'에 나온, 귀를 막고 도둑질한 도둑 이야기를 기억하고 있지요? 그때 여러분은 '자기 생각에 그렇다는 주관 판단'과 '실제 사실이 그렇다는 객관 판단'에 대해서 배웠지요?

그래요. 주관 판단만을 내세워 판단을 하게 되면, 우리는 장군과 같은 오류를 저지르기 쉽습니다.

장군은 그런 벌을 내리기 전에 '다른 사람들도 돼지고기를 싫어할까?' 하고 한 번쯤 생각해 보았어야 합니다.

특히 우리는 슬프거나 기쁘거나 화가 나거나 하는 감정에 빠져 있을 때, 주관적인 판단을 하기 쉽습니다.

이를테면 잔뜩 짜증이 나 있을 때는 친한 단짝도 꼴 보기 싫어지고, 기분이 좋을 때에는 미워하는 친구마저 사랑스러워 보이잖아요?

또 여러분은 부모님께 호된 꾸지람을 듣고 이렇게 생각할지도 모릅니다.

'나는 세상에서 가장 불쌍한 아이야! 아무도 나를 사랑하지 않아! 흑흑흑……'

이런 생각들은 모두 주관적인 판단일 뿐이지요?

어떤 판단을 할 때는 그것이 자기만의 생각일 뿐인지, 아니면 실제로도 그런지 곰곰이 따져 봐야 합니다. 그래야 오류를 저지르지 않게 된답니다.

알아맞혀 보세요!

다음 판단이 어째서 오류인지 따져 보세요. 그리고 이런 오류가 생긴 원인이 무엇일까 곰곰이 생각해 보세요.

- 뭐? 상수가 내 욕을 했다구? 정말 세상에 믿을 놈이 하나도 없구나!

- 저는 한국 사람들이 개고기를 먹는다는 얘기를 들었습니다.

오우! 한국 사람들은 모두 야만인들입니다.

- 국민들이 빵을 달라며 시위를 벌이고 있다구? 빵이 없으면 고기를 먹으면 될 텐데.

  (이 말은 옛날 프랑스 국민들이 굶주림을 참다 못해 왕이 사는 궁전까지 쳐들어가 시위를 벌였을 때, 프랑스 왕비였던 마리 앙투아네트가 한 말입니다.)

놀부의 선택

놀부가 죽어서 지옥에 갔습니다.

염라대왕은 놀부를 보자, 대뜸 호통을 쳤습니다.

"이놈! 너는 살아 있는 동안 죄를 많이 지었구나! 너같이 나쁜 놈은 땅속 감옥에 가서 호된 벌을 받아야 한다!"

땅속 감옥은 살아 있을 때 죄를 많이 지은 사람들이 벌을 받는 곳입니다.

염라대왕은 놀부를 첫 번째 감옥으로 끌고 갔습니다.

그곳에 있는 사람들은 커다란 바위 덩어리를 짊어지고 산에 오르는 벌을 받고 있었습니다. 조금만 게으름을 피워도 지옥 도깨비들이 가시 박힌 몽둥이로 사람들을 마구 때렸습니다.

놀부는 오싹 소름이 끼쳤지요.

염라대왕은 놀부를 두 번째 감옥으로 끌고 갔습니다.

감옥 한가운데에는 똥으로 가득 찬 구덩이가 있었습니다. 사

49

람들은 똥 속에 들어앉아 겨우 머리만 빠꼼히 내놓고 있었지요.

그때 염라대왕이 물었습니다.

"자, 이 두 감옥 가운데 어느 감옥에서 벌을 받겠느냐?"

놀부는 잠시 궁리를 했습니다.

'바위 덩어리를 짊어지고 산에 오르는 벌을 받느니 차라리 똥 속에 앉아 있는 벌을 받는 게 낫겠어. 좀 더럽기는 하지만 그래도 머리를 내놓고 가만히 앉아 있기만 하면 되잖아?'

놀부가 대답했습니다.

"저어…… 똥 속에 들어앉아 있는 벌을 받겠어요."

이렇게 해서 놀부는 두 번째 감옥으로 들어가게 되었지요.

50

그런데 놀부가 막 똥구덩이 속에 자리를 잡고 앉으려 할 때였습니다.

지옥 도깨비가 큰 소리로 외쳤습니다.

"백 년 만의 휴식 끝! 똥 속으로 다시 잠수!"

도움말 오류 막기 ② 한 부분만 보고 판단하지 말자

똥구덩이 속에서 벌을 받던 사람들은 백 년 만에 겨우 한 번 똥 밖으로 머리를 내놓고 쉬고 있었던 것이지요.

놀부는 바로 이 모습만 보고 사람들이 언제나 머리를 내놓고 있다고 생각한 것입니다.

만일 어떤 한 부분만 보고 섣부르게 판단한다면, 우리는 놀부와 같은 오류를 저지르기 쉽습니다.

우리가 앞에서 읽은 이야기 가운데 '땅벌에 쏘인 얼룩말을 보고 놀란 새끼 사자'나 '제비 한 마리를 보고 외투를 판 젊은이'도 모두 한 부분만 보고 섣부르게 판단한 오류를 저질렀지요.

우리는 실제 생활 속에서도 이런 오류를 자주 저지릅니다.

이를테면 서점에서 책을 한두 장쯤 읽고 나서 "야, 이 책은 참 재미있구나!" 하고 판단하는 태도는 어떨까요?

이것도 한 부분만 보고 섣부르게 판단하는 오류입니다.

또 친구가 어쩌다 한 번 실수한 걸 가지고 "저 아이는 정말 구제불능이야!" 하고 말하는 태도는 어떨까요?

이것도 친구의 행동 한 부분만 보고 섣부르게 판단하는 오류이지요.

물론 우리는 때때로 '한 가지를 보고도 열 가지를 아는' 경우도 있습니다.

이를테면 강물에 죽은 물고기 떼가 둥둥 떠 있는 것을 보고 "이 물은 사람들이 먹으면 안 되겠구나." 하고 판단하는 것처럼 말이에요.

그러나 이때도 앞뒤 이치를 잘 따져 보고 아주 신중하게 판단해야 합니다.

언제 어느 경우라도 섣부르게 판단하면 오류를 저지르기 쉽답니다.

알아맞혀 보세요!

다음 예 가운데 '한 가지를 보고도 열 가지를 알 수 있는 경우'와 '한 부분만 보고 섣부르게 판단할 수 없는 경우'를 가름해 보세요. 또 어째서 그렇게 가름했는지 이유도 대 보세요.

• 어떤 낯선 아저씨가 나한테 빵을 사 주었다. 그 아저씨는

아주 친절한 게 틀림없다.

- 이 약품을 실험용 흰쥐에게 먹였더니 두 시간 만에 죽고 말았다. 그러므로 이 약품은 사람한테도 위험할 것이다.

- 으뜸 전자 회사의 전시관에 있는 컴퓨터를 써 보니 성능이 아주 좋았다. 그러므로 으뜸 전자 회사에서 만든 컴퓨터는 모두 성능이 좋을 것이다.

- 우리 고장에 골프장이 세워진다고 한다. 앞으로 우리 고장의 환경이 크게 파괴될 것이다.

새끼 생쥐의 바깥 구경

새끼 생쥐가 모처럼 바깥나들이를 하고 굴로 돌아왔습니다.

어미 생쥐는 새끼 생쥐한테 물었습니다.

"그래 오늘 밖에서 무엇을 보았니?"

그러자 새끼 생쥐는 오들오들 떨며 대답했습니다.

"아주 무서운 동물을 보았어요!"

"무서운 동물이라구?"

"예, 그 동물은 머리에 아주 무시무시하게 생긴 붉은 모자를 쓰고 있었어요. 주둥이는 송곳처럼 뾰족하고, 턱 밑은 도깨비처럼 시뻘건 수염이 났어요. 온몸은 울긋불긋한 털로 뒤덮여 있고, 발톱은 갈고리처럼 날카롭더라구요!"

어미 생쥐는 고개를 갸우뚱했습니다.

"그래? 그 동물이 내는 소리를 들어 봤니?"

"예, 엄마도 그 소리를 들었다면 벌벌 떨었을 거예요. 그 동물

54

은 하늘로 고개를 번쩍 치켜들더니 '꼬끼오!' 하고 소리를 쳤어요. 어찌나 무섭던지 굴속으로 막 뛰어 들어왔어요."

어미 생쥐는 빙그레 웃었습니다.

"애야, 그 동물은 겉모양만 그렇게 무섭게 생겼지, 우리 생쥐들한테는 조금도 무서운 동물이 아니야. 우리 생쥐들은 때때로 그 동물이 낳은 알을 훔쳐 먹기도 한단다. 그래서 그 동물은 우리 생쥐들이 나타나면 자기 새끼를 뺏길까 봐 벌벌 떨곤 하지."

새끼 생쥐는 고개를 끄덕였습니다.

새끼 생쥐는 다음 날도 바깥나들이를 하고 돌아왔습니다.

어미 생쥐는 새끼 생쥐에게 또 물었습니다.

"그래 오늘은 밖에서 무엇을 보았니?"

그러자 새끼 생쥐는 방글방글 웃으며 대답했습니다.

"오늘은 아주 귀여운 동물을 보았어요."

"귀여운 동물?"

"예, 그 동물은 아름다운 갈색 털로 뒤덮여 있었어요. 털이 어찌나 폭신하고 부드러워 보이던지 폭 안기고 싶을 정도였어요. 동그란 얼굴을 보니까 마음씨도 고와 보였구요. 솜방망이 같은 꼬리를 가볍게 흔들며 사뿐사뿐 걷는 모습이 멋쟁이 신사 같았어요. 오늘은 말을 걸지 않고 그냥 들어왔지만, 다음에 다시 만나면 친구 하자고 할 거예요."

어미 생쥐는 고개를 갸우뚱하며 다시 물었습니다.

"그래? 그 동물이 내는 소리를 들어 봤니?"

"물론이죠. 귀엽게 고개를 저으며 '야아옹!' 하고 외쳤어요. 목소리가 얼마나 곱던지!"

그러자 어미 생쥐는 얼굴이 새파랗게 질렸습니다.

"이 녀석아, 너 오늘 큰일 날 뻔했구나! 그 동물은 겉모양은 그렇게 귀엽게 생겼지만, 우리 생쥐들을 잡아먹는 무서운 동물이야. 그놈의 부드러운 발가락 속에는 우리 생쥐들을 단번에 낚아채는 무시무시한 발톱이 숨어 있고, 그놈의 귀여운 입 속에는 우리 생쥐들을 한입에 물어 죽일 날카로운 이빨이 숨어 있어. 너는 겉모양만 보고 함부로 판단하니 정말 큰일이로구나!"

새끼 생쥐는 눈이 동그래졌습니다.

그래요. 새끼 생쥐는 동물들의 겉모양만 보고 판단한 것입니다. 그래서 닭을 무서운 동물이라 생각하고, 고양이를 귀여운 동물이라고 생각한 것이지요.

이처럼 겉모양만 보고 "속 내용도 이러저러할 것이다."라는 식으로 섣부르게 판단한다면, 우리는 새끼 생쥐와 같은 오류를 저지르기 쉽습니다. 겉모양과 속 내용이 전혀 딴판인 경우도 많기 때문이지요.

이야기 하나 더 해 볼까요?

임진왜란이 일어나기 바로 전인 조선 시대 선조 임금 때의 일입니다.

선조 임금은 훌륭한 재상감을 찾고 있었지요. 그때 한 신하가 와서 이렇게 말했습니다.

"마침 딱 좋은 사람이 있기는 한데, 몸이 쇠약해서 지금은 자리에 누워 있사옵니다. 만일 산삼 세 뿌리만 보내 먹이신다면 금세 건강을 되찾아 충성을 다할 것이옵니다."

선조 임금은 고개를 끄덕이며 산삼 세 뿌리를 보냈지요.

그런데 며칠 뒤에 나타난 사람을 보자, 임금은 어이가 없었습니다. 키는 간장 항아리만큼 조그만 데다가 얼굴은 말처럼 길쭉하여 형편없이 못생겼기 때문이지요. 임금은 혀를 차며 중얼거렸습니다.

"쯧쯧, 공연히 아까운 산삼 세 뿌리만 버렸군!"

이 사람이 바로 뒷날 영의정까지 지낸 이원익이었습니다.

이원익은 임진왜란이 일어났을 때는 온 힘을 기울여 선조 임금을 모셨고, 나중에는 못된 탐관오리들이 백성들을 괴롭히지 못하게 여러 제도를 만드는 등 훌륭한 재상 노릇을 했습니다.

뒷날 선조 임금은 이원익을 보며 이렇게 중얼렸답니다.

"허허, 산삼 세 뿌리를 다시 찾았군!"

그래요. 겉모양이 못생겼다고 해서 속 내용까지 못생긴 것은 아닙니다.

여러분은 친구를 겉모습만 보고 판단하는 일은 없나요? 또 겉모습을 예쁘게 하려고 지나치게 애쓴 적은 없나요?

겉모양과 속 내용은 다를 경우가 많으니, 늘 조심해서 판단해야 합니다.

알아맞혀 보세요!

다음 판단이 왜 오류인지 따져 보세요. 또 이런 오류가 생긴 원인이 무엇일까 곰곰이 생각해 보세요.

• 해는 동쪽에서 서쪽으로 움직인다. 그러므로 해는 지구 둘

레를 돌고 있는 것이다.

- 저 배우의 연기는 언제 봐도 따뜻하게 느껴져. 아마 실제 성격도 저렇게 따뜻하겠지.

- 아, 정말 색깔이 고운 버섯이구나! 이렇게 예쁜 버섯이 독 버섯일 리 없어.

늑대의 트집 잡기

어린 양이 물을 마시려고 강가에 나왔습니다.

그때 마침 강 위쪽에서 늑대가 물을 마시고 있었습니다.

늑대는 어린 양에게 시비를 걸었습니다.

"이놈! 너는 내가 마시는 물을 온통 흙탕물로 만들어 놓았구나. 너같이 못된 놈은 잡아먹어야겠다."

"그건 억지예요. 늑대님은 위쪽에서 물을 마시고 있고 저는 아래쪽에서 물을 마시고 있는데, 제가 어떻게 늑대님이 마시는 물을 흐려 놓을 수 있겠어요?"

늑대는 어린 양의 말을 듣고 보니 할 말이 없었습니다.

잠시 뒤 늑대는 다시 트집을 잡았습니다.

"옳지! 너는 지난해에 우리 아버지한테 욕을 한 그 못된 양이 틀림없어. 우리 늑대들은 모두 효성이 지극해서 부모를 모욕한 놈들은 잡아먹는다. 그러니까 너를 잡아먹어야겠다!"

어린 양은 고개를 갸웃거렸습니다.

"저는 지난해에는 태어나지도 않았어요. 그런데 제가 어떻게 늑대님 아버지한테 욕을 할 수 있나요?"

늑대는 쉽게 트집을 잡을 수 없자 벌컥 짜증이 났습니다.

"너는 어른한테 꼬박꼬박 말대꾸를 하는구나. 너처럼 버릇없는 녀석은 혼이 나야 해."

늑대는 더 이상 대꾸할 틈을 주지 않고 어린 양에게 달려들었답니다.

오류 찾기 ① 근거가 옳은지 살펴본다

어떤 판단을 정당하게 주장하려면, 그것이 왜 정당한지 근거를 대야 합니다.

앞 이야기에서 늑대도 그렇게 했지요. 그러나 늑대가 댄 근거는 모두 틀린 것이었습니다.

너는 내가 마시는 물을 온통 흙탕물로 만들어 놓았다.
⇨ 그러므로 나는 너를 잡아먹겠다.

어린 양은 강 아래쪽에서 물을 마시고 늑대는 강 위쪽에서 물을 마시고 있었으니, 어린 양이 늑대가 마시는 물을 흐려 놓을 수는 없는 노릇이지요.

어린 양이 늑대가 댄 근거가 틀렸다고 올바로 반박하자, 늑대는 다시 이렇게 주장했습니다.

너는 지난해에 우리 아버지한테 욕을 했다.
⇨ 그러므로 나는 너를 잡아먹겠다.

이 근거도 틀렸지요?

지난해에는 태어나지도 않은 어린 양이 늑대 아버지한테 욕을 할 수도 없는 노릇입니다.

그러니 늑대는 "나는 너를 잡아먹겠다."는 주장이 어째서 정당한지 근거를 올바로 대지 못한 셈이지요.

어린 양이 근거가 틀렸음을 하나하나 꼽아 내자, 늑대는 마침내 이렇게 외칩니다.

"너는 어른한테 꼬박꼬박 말대꾸를 하는구나. 너처럼 버릇없는 녀석은 혼이 나야 해."

어디서 많이 들어 본 말이지요?

그래요. 어른들은 때때로 할 말이 없으면 아이들한테 늑대처럼 말하곤 합니다. 논리를 따져 잘잘못을 가리지 않고 그저 '어른'이란 권위를 내세워 아이들 입을 틀어막으려 드는 것이지요.

이건 그다지 올바른 태도가 아니겠지요?

하지만 어른들이 이렇게 말해도 여러분이 너그러운 마음으로 이해하세요. 어른들 가운데는 어릴 적에 논리를 배우지 못한 분들이 많으니까요.

그리고 논리를 배운 여러분은 나중에 어른이 되면 아이들한테 이런 식으로 말하지 마세요. 아무리 아이들이어도 차근차근 논리를 따져 잘잘못을 가름해야 해요.

여러분은 그때를 위해서라도 논리를 알뜰하게 배워 둬야 하는 거예요.

정당한 근거가 없는 주장은 오류가 되기 쉽습니다. 그러므로 오류를 찾으려면 그 주장의 근거가 옳은지 틀린지부터 자세히 따져 보아야 합니다.

알아맞혀 보세요!

다음 판단은 옳은지 틀린지 살펴보세요. 틀리다면 왜 틀린지 이유를 대 보세요.

- 박쥐는 새이므로, 알을 낳는다.

- 논리는 논리학자들이 공부하는 학문이므로, 우리는 논리를 공부할 필요가 없다.

- 사람은 누구나 자기만을 위해 살기 때문에, 남을 도와주는 일은 쓸데없는 짓이다.

- 선배는 하늘과 같은 사람이므로, 선배 말에 무조건 복종해야 한다.

초나라로 가려는 사람

옛날, 중국 위나라에 '계량'이라는 사람이 살았습니다.

어느 날, 계량은 길을 가다가 수레를 타고 북쪽으로 가고 있는 사내를 보았습니다.

계량은 그 사내에게 물었습니다.

"어디를 그리 바삐 가시오?"

"초나라로 갑니다."

계량은 고개를 갸우뚱했습니다. 초나라로 가려면 남쪽으로 가야 하는데, 사내는 정반대인 북쪽으로 가고 있었거든요.

"여보시오, 당신은 지금 길을 잘못 가고 있소. 초나라는 남쪽에 있으니, 말 머리를 돌려 반대쪽으로 가야 해요."

하지만 사내는 태연하게 말했습니다.

"괜찮아요. 내 말은 다리가 아주 튼튼해서 초나라까지는 너끈히 갈 수 있다오."

"아니, 말 다리만 튼튼하면 뭐 합니까? 그쪽은 초나라로 가는 길이 아닌데."

"괜찮아요. 내 마부는 수레를 아주 잘 모니까, 초나라까지는 너끈히 갈 수 있어요."

계량은 답답해서 가슴을 쿵쿵 쳤습니다.

"말이 아무리 튼튼하고 마부가 아무리 말을 잘 몬다 해도, 그쪽으로 가서는 초나라로 갈 수 없어요!"

그러나 사내는 들은 척도 하지 않았습니다.

"걱정 마시오. 나는 노자도 두둑하게 가지고 있으니 초나라까지는 너끈히 갈 수 있어요."

사내는 그러면서 계속 북쪽으로 갔습니다.

계량은 그 사내의 수레를 한심하다는 듯이 바라보았습니다.

사내는 과연 초나라로 갈 수 있을까요?

도움말 **오류 찾기 ②** 주장에 맞는 근거를 댔는지 살펴본다

사내는 다음과 같이 판단했습니다.

내 말은 다리가 아주 튼튼하다.

내 마부는 수레를 아주 잘 몬다.

나는 노자를 두둑하게 가지고 있다.

⇨ 그러므로 나는 초나라에 너끈히 갈 수 있다.

"나는 초나라에 너끈히 갈 수 있다."는 주장의 근거로 "말 다리가 튼튼하고, 마부가 수레를 잘 몰고, 노자를 두둑하게 가지고 있다."를 든 것이지요.

하지만 이것은 "나는 여행을 너끈히 할 수 있다."는 주장에 대한 근거라면 또 모를까, "나는 초나라에 너끈히 갈 수 있다."는 주장에 대한 근거가 되기는 어렵습니다. 초나라에 가려면 무

엇보다 초나라 쪽으로 가야 하기 때문이지요.

물론 사내가 든 근거가 틀린 것은 아닙니다. 말 다리가 튼튼한 것도 사실이고, 마부가 수레를 잘 모는 것도 사실이고, 노자를 두둑하게 가지고 있는 것도 사실이겠지요.

다만 그 근거가 주장과 맞지 않는 게 탈일 뿐이지요.

계량은 사내에게 그 점을 지적해 주었지만, 사내는 계속 북쪽으로 말을 몰고 갔습니다. 그러니 사내는 말 다리가 튼튼해도, 마부가 수레를 잘 몰아도, 노잣돈이 두둑해도 결국에는 초나라에서 멀어지게 마련이지요.

사내는 자기 오류가 뭔지도 모르고 있으니 정말 딱한 노릇이에요.

이렇게 근거가 옳더라도 그 주장에 맞지 않는다면 오류가 생깁니다.

자, 다음 구절을 보고 무엇이 잘못되었는지 생각해 보세요.

"위인 전기는 실제 있었던 사람들에 대한 이야기를 적은 글이므로, 위인 전기를 읽으면 공부에 도움이 된다."

이 구절은 "위인 전기를 읽으면 공부에 도움이 된다."는 판단에 대한 올바른 근거가 될 수 있을까요?

그렇지 않습니다. 꼼꼼히 따져 봅시다.

'위인 전기'나 '실제 있었던 사람들에 대한 이야기를 적은 글' 이나 똑같은 말이지요?

그러므로 이 말을 바꾸어 쓰면 결국 다음과 같이 됩니다.

"위인 전기는 위인 전기이므로, 위인 전기를 읽으면 공부에 도움이 된다."

이렇게 바꾸어 써 놓고 보니 우스꽝스러운 말이 되었지요?

"위인 전기는 실제 있었던 사람들에 대한 이야기를 적은 글 이다."는 "위인 전기를 읽으면 공부에 도움이 된다."는 주장에 맞지 않는 근거입니다.

그러므로 이 말은 '위인 전기가 공부에 도움을 주는 까닭'에 대해 아무런 설명도 못하고 있는 셈이지요.

자, 이젠 알겠지요?

어떤 주장을 살펴볼 때에는, 근거가 그 주장과 맞는지 안 맞 는지도 자세히 뜯어 보세요.

알아맞혀 보세요!

다음 주장들은 어떤 근거를 들고 있는지 살펴보세요. 그 근거 는 옳은 판단인가요? 또 그 근거는 주장에 알맞은 것인가요?

• 요즘 우리 사회는 몹시 어지럽다. 왜냐 하면 우리가 살고 있

는 지구가 아주 빠른 속도로 돌고 있기 때문이다.

• 독서는 책을 읽는 것이므로, 독서를 하면 많은 지식을 얻게
된다.

• 나는 논리학자가 아니다. 그러므로 논리는 배울 필요가 없다.

• 나는 남자이고 너는 여자이다. 그러므로 너는 내 말에 무조
건 복종해야 한다.

드레퓌스 사건

백여 년 전 프랑스에서 있었던 일입니다.

어느 날, 프랑스의 정보원이 프랑스 주재 독일 대사관의 우편함에 꽂혀 있던 편지를 한 통 훔쳐 냈습니다. 그것은 독일 대사 앞으로 온 편지였는데, 그 속에는 프랑스 군대의 기밀문서가 들어 있었지요.

프랑스 군대는 발칵 뒤집혔습니다. 독일군 간첩이 기밀들을 빼내어 독일로 보내고 있는 게 틀림없었으니까요.

프랑스 군 참모본부는 그 기밀문서를 빼낸 간첩을 찾으려고 애를 썼습니다.

"이런 기밀문서를 빼돌릴 만한 사람이라면 장교가 틀림없어. 자, 장교들 글씨체를 알아보고, 이 편지 봉투 글씨와 똑같은 글씨체를 가진 사람이 있다면 당장 잡아들여!"

프랑스 군 참모본부는 얼마 뒤 '드레퓌스'라는 젊은 유태인

장교를 잡아들였습니다. 드레퓌스의 글씨체가 편지 봉투 글씨
와 아주 비슷했기 때문입니다.

"너는 기밀문서를 독일로 빼돌리려 한 간첩이 틀림없어!"

드레퓌스는 그 말을 듣고 깜짝 놀랐습니다.

"아닙니다. 저는 그런 짓을 하지 않았어요!"

드레퓌스는 항의를 했지만, 아무 소용이 없었습니다.

그때 프랑스에는 유태인들을 미워하는 사람들이 많았습니다.

"유태인이라면 간첩 짓을 하고도 남을 사람들이야!"

많은 사람들이 이렇게 생각했습니다.

드레퓌스는 마침내 재판을 받게 되었고, 죽을 때까지 감옥에서 지내야 하는 벌을 받게 되었습니다. 아무 죄도 없는 드레퓌스가 유태인이라는 이유 때문에, 그리고 글씨체가 비슷하다는 이유 때문에 벌을 받게 된 것입니다.

그러나 프랑스에는 모두 어리석은 사람들만 있었던 것은 아닙니다.

프랑스 군대의 양심 있는 장교들은 드레퓌스한테 아무 잘못이 없다고 고발하기도 했습니다.

또 '에밀 졸라'라는 이름난 프랑스 소설가는 신문에 글을 써서 프랑스 군대의 어리석은 행동을 마구 비판했습니다.

그러나 유태인에 대한 편견에 사로잡혀 있던 사람들은 도리어 에밀 졸라한테 욕을 퍼부었습니다.

"유태인을 두둔하는 에밀 졸라를 죽여라!"

사람들은 이렇게 외치며 에밀 졸라 집에 몰려가 돌을 던지기도 했습니다. 이 사람들은 유태인들을 너무 미워한 나머지 유태인을 두둔하는 사람까지도 미워하게 된 것이지요.

하지만 에밀 졸라는 끝끝내 드레퓌스한테 죄가 없다고 주장했습니다. 어디까지나 그게 진실이었으니까요.

이제 프랑스뿐만 아니라 다른 나라의 양심 있는 사람들까지 드레퓌스를 풀어 줘야 한다고 주장했습니다.

『톰 소여의 모험』을 쓴 작가 마크 트웨인도 미국 신문에 글을 써서 에밀 졸라를 격려했답니다.

이런 싸움이 무려 십 년 동안이나 계속되었습니다.

그러나 진실은 반드시 이기게 마련입니다.

십 년이 지난 뒤, 프랑스 재판부는 마침내 드레퓌스한테 아무 잘못이 없다고 판결을 내렸지요. 그리고 프랑스 군 참모본부가 드레퓌스한테 죄를 덮어씌우기 위해 여러 가지 증거를 거짓으로 꾸며 내었다는 사실도 밝혀졌습니다.

이 사건을 '드레퓌스 사건'이라고 합니다.

사람들은 오늘날까지도 드레퓌스 사건을 '아무리 감쪽같이 거짓을 꾸며 내어도 진실은 반드시 이긴다.'는 교훈으로 삼고 있답니다.

도움말 **오류 찾기 ③ 상관없는 것이 끼어들었는지 살펴본다**

우리가 어떤 판단을 할 때는 엉뚱한 것들이 끼어들어 판단에 영향을 줄 수도 있습니다.

이를테면 그때의 분위기나 감정, 기분, 편견 따위가 판단에 영향을 줄 수 있습니다.

예를 들면 믿었던 친구한테 배신을 당했을 때, 우리는 때때로 이렇게 외치기도 합니다.

"세상에 믿을 사람이라곤 하나도 없어!"

"세상 사람들은 다 못 믿을 사람이다."라는 판단은 물론 오류입니다.

그러나 이런 판단은 논리로 차근차근 따지기보다는, 배신감에 빠져 감정적인 판단을 하게 된 것이지요.

"세상 사람들은 다 못 믿을 사람들인가, 아닌가?"를 판단하는 문제와 "나는 친구한테 배신을 당했다, 안 당했다."의 문제는 아무 상관도 없습니다.

그런데 이렇게 아무런 상관도 없는 문제가 끼어들어 판단을 엉뚱하게 내린 것이지요.

앞 이야기에 나오는 '드레퓌스 사건'도 그렇습니다.

"드레퓌스는 간첩인가, 아닌가?"를 판단하는 문제와 "드레퓌스는 유태인이다, 아니다."는 아무런 상관도 없습니다.

그런데 많은 프랑스 사람들은 아무런 상관도 없는 문제를 들먹이며 "드레퓌스는 간첩이다."라고 판단한 것이지요.

이처럼 우리가 어떤 판단을 할 때는 판단과 상관없는 엉뚱한 것들이 끼어들어 판단에 영향을 줄 수도 있습니다. 이런 영향을 받아서 내린 판단은 오류가 되기 쉽습니다.

자, 여기에 대해서는 뒤에 이어지는 '옳다고 속기 쉬운 판단들'에서 더욱 자세하게 살펴봅시다.

여러분은 지금 드레퓌스한테 죄가 있는지 없는지 판단하려고 합니다.

다음 〈보기〉 가운데 올바른 판단을 하는 데 '도움을 줄 수 있는 것'과 '해를 끼칠 염려가 있는 것'을 가름해 보세요.

〈보기〉

• 유태인을 미워하는 군인들이 곁에서 권총을 만지작거리고 있는 상황

• 드레퓌스 사건에 대한 여러 가지 조사 기록

• 평소에 드레퓌스의 행동을 관찰해 왔던 장교들의 의견

• 드레퓌스에 대한 애틋한 동정심

• 그동안 착실히 쌓아 왔던 논리 학습

• 드레퓌스가 석방되는 게 나한테 유리한가 불리한가

책을 주운 여우

여우가 길을 가다가 우연히 두꺼운 책을 한 권 주웠습니다. 여우는 책을 이리저리 들여다보며 써먹을 데가 없을까 궁리했지요. 그러다 좋은 꾀가 떠올랐습니다.

여우는 책을 들고 고양이한테 갔습니다.

"고양이야, 너는 내 말에 고분고분 따라야 해!"

고양이는 귀를 쫑긋거리며 물었습니다.

"왜 그래야 하지?"

"이 책 30쪽에 그렇게 적혀 있기 때문이지. '여우 말은 언제나 옳으므로, 여우 말에 고분고분 따르는 고양이만이 행복하게 살 수 있다.' 자, 이것 좀 봐. 그렇게 적혀 있지? 이 책은 아주 훌륭한 사람이 쓴 책이야."

여우는 고양이한테 책을 보여 주었습니다.

하지만 고양이는 글을 읽을 줄 몰랐습니다. 그래서 그저 여우

말이 옳겠거니 생각했습니다.

　이번에는 지붕 위에 앉아 있는 닭한테 갔습니다.

　"닭아, 너는 내 먹이가 될 때가 가장 행복한 거야."

　닭은 고개를 갸웃갸웃 저었습니다.

　"그런 엉터리가 어디 있어?"

　여우는 닭한테도 책을 꺼내 보여 주었습니다.

　"이 책 125쪽에 그렇게 적혀 있단 말이야. '여우는 세상에서 가장 훌륭한 동물이니, 여우한테 잡아먹히는 닭들은 모두 천국에 갈 것이다.' 자, 의심스러우면 내려와서 이 책을 읽어 봐. 이 책은 사람들한테 가장 존경받는 학자가 쓴 책이야."

그 말을 듣고 닭은 여우 말이 옳은가 보다 생각했습니다.

이번에는 개한테 갔습니다.

"개야, 너는 내가 닭을 잡아먹어도 짖지 말아야 해."

개가 으르렁거렸습니다.

"그게 무슨 헛소리야?"

여우는 개 앞에 책을 펼쳐 보여 주었습니다.

"이 책 230쪽에 그렇게 적혀 있어. '여우가 하는 일은 모두 옳으니, 여우가 하는 일을 방해하는 개는 지옥에 갈 것이다.' 자, 여기 그렇게 적혀 있잖니? 이 책은 공부를 아주 많이 한 사람이 쓴 책이야."

그러나 글을 읽을 줄 모르는 개는 어리둥절하여 아무 말도 못 했습니다. 책에 그렇게 적혀 있다니 어쩔 수 없는 일이라고 생각했지요.

그날 저녁, 여우는 닭을 잡아먹으러 농장에 갔습니다.

고양이는 여우 말에 고분고분 복종하며 농장 문을 열어 주었고, 닭은 여우한테 잡혀 가면서도 끽소리도 내지 않았습니다. 그리고 개는 닭이 물려 가는 것을 보고도 짖지 않았습니다.

훌륭한 사람이 쓴 책에 그렇게 하라고 적혀 있다니, 모두들 그게 옳다고 생각한 것이지요.

그런데 여우가 주운 책은 사실은 '여우를 사냥하는 법'이라는 책이었답니다.

고양이와 닭과 개가 참 어리석지요?

"책에 그렇게 적혀 있다."는 여우 말에 꼼짝도 못하고 속아 넘어가니 말입니다.

자, 생각해 봅시다.

만일 책에 "고양이는 여우 말에 복종해야 한다."고 진짜로 적혀 있다면 그 판단은 옳은 판단이라 할 수 있을까요?

그렇지 않습니다.

"책에 적혀 있다."는 판단과 "고양이는 여우 말에 복종해야 한다."는 판단은 전혀 다른 판단입니다.

그러므로 "책에 적혀 있다."는 판단을, "고양이는 여우 말에 복종해야 한다."는 판단을 뒷받침하는 근거로 쓸 수는 없습니다.

그럼에도 불구하고 우리는 "책에도 적혀 있듯이…….", "아무개 박사도 말한 바가 있듯이……." 식으로 말하면 어쩐지 그 주장이 옳은 것처럼 느껴집니다.

그것은 '책'이나 '아무개 박사'의 권위를 이용한 주장이지요. 이런 주장을 들을 때는 한 번 더 의심해 보아야 합니다. '책'이나 '아무개 박사 말'이 틀릴 수도 있으니까 말이에요.

다음 주장을 보고, 우리가 더 의심해 봐야 할 부분을 찾아보세요.

- 선생님께서도 내 말이 옳다고 하셨어. 그러니 내 말이 옳아.

- 그리스 철학자 소크라테스는 "악법도 법이다."라고 말했다. 그러므로 우리는 법이 잘못되었더라도 반드시 따라야 한다.

- 옛말에 이르기를 "암탉이 울면 집안이 망한다."고 했다. 그러므로 여자는 얌전하게 있어야 한다.

다수결로 정합시다!

어느 날, 마을 젊은이들이 소풍을 가기로 했습니다.

그런데 소풍 장소에 대해서 서로 의견이 달랐습니다.

"산이 좋아요. 그러니 산으로 갑시다!"

"아닙니다. 산에 올라가려면 힘이 드니까, 바다로 갑시다!"

젊은이들은 산으로 가자, 바다로 가자 하며 옥신각신 입씨름을 했습니다.

그때 누군가가 큰 소리로 외쳤습니다.

"그럴 게 아니라, 우리 다수결로 정합시다!"

다른 젊은이들도 그 말에 동의했습니다.

"그래요! 그게 공평하겠군요."

다수결로 해 보니, 산으로 가자는 사람이 더 많았습니다.

그래서 마을 젊은이들은 산으로 가기로 결정했습니다.

이제 젊은이들은 소풍 준비를 맡을 회장을 뽑기로 했습니다.

그런데 또 의견이 갈라졌습니다.

"우리 가운데 김갑돌 씨가 나이가 가장 많으니, 그분을 회장으로 뽑읍시다!"

"아닙니다. 소풍 준비를 하려면 발 빠르게 움직여야 하니, 젊은 박병돌 씨가 회장을 맡아야 합니다!"

젊은이들은 김갑돌 씨를 회장으로 뽑자, 박병돌 씨를 회장으로 뽑자며 옥신각신 입씨름을 했습니다.

그때 누군가가 큰 소리로 외쳤습니다.

"그럴 게 아니라, 우리 다수결로 정합시다!"

다른 젊은이들도 그 말에 동의했습니다.

"그래요! 그게 공평하겠군요."

다수결로 해 보니, 박병돌 씨를 회장으로 뽑자는 사람이 더 많았습니다.

그렇게 해서 박병돌 씨가 회장으로 뽑혔습니다.

젊은이들은 다음에는 무엇을 타고 갈지 의논했습니다.

그런데 또 의견이 갈렸습니다.

"버스를 전세 내어 타고 가면 편하고 좋습니다. 버스를 전세 내어 타고 갑시다!"

"아닙니다. 그러면 돈이 너무 많이 듭니다. 그냥 열차를 타고 갑시다!"

젊은이들은 버스를 타자, 열차를 타자 옥신각신 입씨름을 했습니다.

그때 또 누군가가 큰 소리로 외쳤습니다.

"그럴 게 아니라, 우리 다수결로 정합시다!"

다른 젊은이들도 그 말에 동의했습니다.

"그래요! 그게 공평하겠군요."

다수결로 해 보니, 버스를 전세 내어 타고 가자는 사람이 더 많았습니다.

그래서 마을 젊은이들은 전세 버스를 타기로 결정했습니다.

마침내 소풍날이 되었습니다.

젊은이들을 태운 버스가 씽씽 달렸습니다. 그런데 한참 가다 보니 갈림길이 나왔습니다.

버스 운전사는 고개를 갸웃거렸습니다.

"산으로 가는 길이 어느 쪽이죠?"

어떤 젊은이가 조심스럽게 말했습니다.

"산으로 가려면 왼쪽 길로 가야 합니다. 저는 지난번에 이 길로 가 봤어요."

그러자 다른 젊은이가 말했습니다.

"그걸 어떻게 믿습니까? 제 예감에는 오른쪽 길이 맞는 것 같아요. 오른쪽 길로 갑시다!"

젊은이들은 왼쪽 길로 가야 한다, 오른쪽 길로 가야 한다 하며 옥신각신 입씨름을 했습니다.

그때 누군가가 큰 소리로 외쳤습니다.

"그럴 게 아니라, 우리 다수결로 정합시다!"

다른 젊은이들도 그 말에 동의했습니다.

"그래요! 그게 공평하겠군요."

다수결로 해 보니, 오른쪽 길로 가는 게 옳다는 사람이 많았습니다.

그렇게 해서 마을 젊은이들을 태운 버스는 오른쪽 길로 갔습니다.

그런데 그 길은 바다로 가는 길이었습니다.

산으로 가려던 젊은이들은 하는 수 없이 바닷가에서 놀다가 돌아왔습니다.

옳다고 속기 쉬운 판단 ② 여럿이 주장하는 판단

문제에 따라서 다수결로 결정해도 좋은 문제가 있고, 그럴 수 없는 문제도 있습니다.

"소풍을 산으로 갈 것인가, 바다로 갈 것인가?" 하는 문제는 다수결로 결정해도 좋은 문제입니다. 소풍은 되도록 여러 사람들이 가고 싶어 하는 곳으로 가는 게 좋으니까요.

하지만 산으로 가는 길이 왼쪽 길인지 오른쪽 길인지를 판단하는 문제를 다수결로 결정할 수 있을까요?

그럴 수 없습니다.

"여러 사람이 산으로 가는 길은 오른쪽 길이라고 주장했다."는 판단과 "산으로 가는 길은 오른쪽 길이다."는 판단은 서로 다른 판단이기 때문이지요.

그러므로 "여러 사람이 산으로 가는 길은 오른쪽 길이라고 주장했다."는 판단을 "산으로 가는 길은 오른쪽 길이다."는 판단이 옳음을 뒷받침하는 근거로 쓸 수는 없습니다.

젊은이들은 이 점을 착각했기 때문에 산으로 가기로 결정해

놓고, 엉뚱하게도 바다로 가고 만 것이지요.

'여럿이 주장하는 판단이 옳은 주장'이라는 식의 착각은 아주 흔합니다.

어떤 사람은 산에 가서 쓰레기를 함부로 버리며 이렇게 말합니다.

"귀찮게 쓰레기를 뭐 하러 가지고 내려가. 다들 버리고 가는 걸 뭐."

"여러 사람이 쓰레기를 함부로 버린다."는 판단과 "나는 쓰레기를 함부로 버려도 된다."는 판단은 서로 다른 판단입니다.

그러므로 "다들 쓰레기를 함부로 버리기 때문에 나도 쓰레기를 함부로 버려도 된다."는 주장은 엉터리지요.

여러 사람이 주장한 판단이라고 해서 늘 옳은 판단은 아닙니다. 여러 사람이 한꺼번에 잘못 판단할 수도 있으니까요.

알아맞혀 보세요!

다음 문제들 가운데 다수결로 결정해도 좋은 문제와 그렇지 않은 문제를 가름해 보세요.

- 오징어 다리는 열 개일까, 여덟 개일까?
- 우리 반 반장을 슬기가 맡는 게 좋을까, 보람이가 맡는 게 좋을까?
- 담배를 피우는 것은 건강에 좋을까, 나쁠까?
- 오늘 우리 식구는 외식으로 불고기를 먹는 게 좋을까, 피자를 먹는 게 좋을까?
- 나는 이다음에 커서 선생님이 되는 게 좋을까, 간호사가 되는 게 좋을까?

토끼의 재판

어떤 나그네가 산길을 가다가 구덩이 속에 빠진 호랑이를 보았습니다.

호랑이는 나그네를 올려다보며 애원했지요.

"제발 저를 여기서 꺼내 주십시오. 저를 구해 주신다면 그 은혜는 꼭 갚겠습니다."

나그네는 호랑이가 불쌍하여 구덩이 속에 통나무를 넣어 주었답니다.

호랑이는 통나무를 딛고 구덩이 밖으로 나왔어요.

그런데 호랑이는 구덩이에서 나오자마자 나그네에게 덤벼들려고 했습니다.

"구덩이 속에 오랫동안 갇혀 있었더니 배가 너무 고프구나. 너라도 잡아먹어야겠다. 어흥!"

나그네는 깜짝 놀라 외쳤습니다.

"내가 너를 구해 주었는데, 은혜를 갚기는커녕 도리어 나를 잡아먹으려 하다니! 세상에 이런 법이 어디 있느냐!"

"그때는 그때고, 지금은 지금이야! 잔말 말고 순순히 내 밥이 되는 게 좋을걸."

호랑이가 막무가내로 달려들려고 하자, 나그네는 어쩔 도리가 없었지요.

"좋아. 그러면 이렇게 하자. 저기 있는 황소한테 네가 나를 잡아먹어도 좋은지 어떤지 재판을 해 달라고 부탁하자. 죽어도 옳고 그름이나 가름하고 나서 죽어야 하지 않겠니?"

그 말에 호랑이도 고개를 끄덕였습니다.

"그쯤이야 어렵지 않지."

나그네와 호랑이는 황소에게 다가갔습니다.

나그네는 황소에게 조금 전에 일어난 일을 죽 설명해 주었습니다.

"그런데 호랑이가 나를 잡아먹으려 하는구나. 호랑이가 하는 짓이 옳으냐, 그르냐?"

그러자 황소는 눈살을 찌푸리며 말했습니다.

"호랑이가 옳아! 너희 사람들은 우리 황소들을 실컷 부려먹다가 나중에는 죽여서 고기까지 먹잖아. 그러니 사람들은 호랑이한테 잡아먹혀도 싸!"

호랑이는 껄껄 웃었습니다.

"그것 봐, 황소도 내가 너를 잡아먹는 게 옳다고 하잖아. 그러니 순순히 내 밥이 되어라."

나그네는 재빨리 말했습니다.

"좋아. 이번에는 저기 소나무한테 물어보자. 황소 말만 듣는 재판이 공정하다고 할 수 없잖니?"

"누구한테 물어봐도 마찬가지야. 공연히 시간만 낭비할 뿐이지."

나그네와 호랑이는 소나무에게 재판을 부탁했습니다.

"그러니까 일이 이러저러하고 요러조러하게 되었거든. 그런데 호랑이가 나를 잡아먹으려 하는구나. 소나무야, 호랑이가 하는 짓이 옳으냐, 그르냐?"

그러자 소나무는 가지를 휘휘 저으며 말했습니다.

"호랑이가 옳아! 너희 사람들은 우리 소나무들이 아무 잘못도 하지 않았는데도 도끼로 쿵쿵 찍어 땔감으로 만들잖아. 얼마 전 내 곁에 서 있던 소나무도 아궁이에 들어갔단 말이야. 그러니 사람들은 호랑이한테 잡아먹혀도 싸!"

호랑이는 껄껄 웃었습니다.

"그것 봐, 소나무도 내가 너를 잡아먹는 게 옳다고 하잖니. 자, 이제는 내 밥이 되어도 불만이 없겠지?"

나그네는 이제 꼼짝없이 호랑이한테 잡아먹힐 형편이었습니다.

그때 숲 속에서 토끼 한 마리가 깡충깡충 뛰어나왔습니다.

"호랑이야, 호랑이야! 마지막으로 저 토끼한테 재판을 부탁해 보자. 만일 저 토끼까지 네가 나를 잡아먹는 게 옳다고 한다면, 나는 더 이상 아무 소리도 하지 않고 네 밥이 될 테다."

나그네와 호랑이는 토끼를 불러 재판을 부탁했습니다.

조금 전에 일어난 일을 죽 듣고 있던 토끼는 고개를 갸웃거리며 중얼거렸습니다.

"호랑이는 구덩이에 빠지고, 사람은 호랑이를 구해 주었다……."

호랑이는 토끼가 자꾸 시간을 끌자 답답해졌습니다.

"뭘 그렇게 오래 생각하니? 빨리 판결을 내리지 않고."

토끼가 아무래도 모르겠다는 듯이 말했습니다.

"말만 듣고는 도무지 모르겠어요. 제 눈으로 똑똑히 보아야 알겠으니 아까 일어난 일을 처음부터 그대로 저한테 보여 주세요. 호랑이님은 다시 구덩이 속으로 들어가세요."

그러자 호랑이는 구덩이 속으로 훌쩍 뛰어들었습니다.

토끼는 통나무를 가리키며 물었습니다.

"이 통나무는 원래부터 여기 있었나요?"

"아니야. 밖에 있었지."

"그럼 제자리에 갖다 놓아 보세요."

나그네는 낑낑거리며 통나무를 구덩이에서 끄집어냈습니다.

토끼가 물었습니다.

"자, 이제 처음하고 똑같지요?"

나그네가 고개를 끄덕였습니다.

"그래, 똑같아."

토끼는 귀를 쫑긋거리며 말했습니다.

"그러면 아저씨는 이제 갈 길을 가세요. 처음부터 호랑이를 구해 주지 않았다면 아무 일도 없었을 거 아니에요? 그리고 앞으로는 은혜를 모르는 짐승은 구해 주지 마세요."

그 말을 듣고 호랑이가 구덩이 속에서 "어흥! 어흥!" 소리를 질렀습니다.

"아이고, 내가 토끼 놈한테 속았구나! 내가 잘못했으니 제발 나를 다시 꺼내 줘!"

도움말 **옳다고 속기 쉬운 판단 ③**
자기 이해 관계가 얽힌 판단

황소와 소나무가 한 판단은 옳을까요?

그렇지 않습니다.

"호랑이가 나그네를 잡아먹는 게 옳으냐, 그르냐?"를 판단하는 문제에 "사람들은 우리 황소들을 실컷 부려먹다가 나중에는 죽여서 고기까지 먹는다."는 판단은 끼어들 필요가 없는 것이지요.

소나무 판단도 마찬가지입니다.

"호랑이가 나그네를 잡아먹는 게 옳으냐, 그르냐?"를 판단하는 문제에 "사람들은 우리 소나무들이 아무 잘못도 하지 않았는데도 도끼로 쿵쿵 찍어 땔감을 만든다."는 판단은 끼어들 필요가 없습니다.

"사람들이 황소한테 잘해 주느냐, 못해 주느냐?"와 "호랑이가 나그네를 잡아먹는 게 옳으냐, 그르냐?"는 서로 다른 문제입니다.

따라서 "사람들은 황소한테 잘못한다."는 판단은 "호랑이는 나그네를 잡아먹어도 된다."는 판단이 옳음을 뒷받침하는 근거가 될 수 없습니다.

그러니 황소와 소나무는 올바른 재판을 했다기보다는, 그저 사람들에 대한 원한을 나그네한테 분풀이했을 뿐이지요.

우리는 때때로 자기한테 이롭거나 해롭거나 하는 '이해 관계'에 얽혀 그릇된 판단을 할 때가 있습니다.

만일 여러분이 이렇게 말했다고 합시다.

"보람이 말이 옳아. 왜냐 하면 보람이는 내 짝이거든."

이것도 자기 이해 관계가 얽힌 그릇된 판단이지요.

97

"보람이 말이 옳으냐, 그르냐?"는 판단과 "보람이가 내 짝이냐, 아니냐?"는 판단은 아무 관계도 없는데, 마치 그게 중요한 관계인 듯이 판단하고 있으니 말입니다.

만일 여러분이 이다음에 판사가 되어서 이런 식으로 판단을 한다면 어떨까요?

"개똥이는 교통 법규를 어겼지만, 내 초등학교 동창이므로 무죄이다!"

"쇠똥이는 초등학교 시절에 내 도시락을 훔쳐 먹은 일이 있으므로 무조건 유죄이다!"

이런 식으로 판결한다면 엉터리 판사가 되고 말겠지요?

정말 한심한 일이지만, 어른들 가운데 황소나 소나무처럼 이해 관계에 얽힌 그릇된 판단을 하는 분들이 많답니다.

"저 후보는 나와 같은 경상도 사람이니까 대통령으로 뽑아 줘야 해!"

이런 식으로 말이에요.

"저 후보가 우리나라 대통령으로 알맞은 사람이냐, 아니냐?"는 판단과 "저 후보는 경상도 사람이냐, 아니냐?"는 판단은 서로 다른 판단이지요.

여러분이 이다음에 어른이 되면, 이런 어리석은 판단은 하지 않겠지요?

다음 판단을 보고, 판단의 옳음을 뒷받침할 만한 근거를 올바로 댔는지 따져 보세요.

- 보람이는 나한테 빵을 사 주었으니까, 보람이를 반장으로 뽑아 줘야겠어.

- 이 감기약은 아빠 회사에서 만든 약이니까 특효약이야.

- 종수는 나한테 욕을 했으니까, 내가 주번이 되면 뭐든 트집을 잡아 벌을 세워야겠어.

먹다 남은 복숭아의 죄

'여도의 죄'라는 말이 있습니다.

'여도'란, 남을 '여(餘)' 자에 복숭아 '도(桃)' 자, 곧 '먹다 남은 복숭아'라는 뜻이지요. 그러므로 '여도의 죄'란 '먹다 남은 복숭아의 죄'라는 뜻입니다.

이게 도대체 무슨 뜻일까요?

이 말에는 옛날이야기가 얽혀 있답니다.

까마득한 옛날, 중국에 '위(衛)'라는 나라가 있었습니다.

위나라 왕은 '미자하'라는 소년을 몹시 귀여워했답니다.

어느 날, 미자하는 고향에 있는 어머니가 아프다는 소식을 듣게 되었습니다. 미자하는 걱정이 되어 안절부절못하다가 왕의 수레를 몰래 타고 고향으로 내려가 버렸습니다.

그런데 위나라 법에는 허락 없이 왕의 수레를 탄 사람은 다리를 자르는 벌을 받게 되어 있었습니다.

신하들은 법률대로 미자하의 다리를 잘라야 한다고 입을 모아 말했습니다.

그러나 왕은 도리어 미자하를 칭찬했습니다.

"그만두시오. 다리 잘리는 벌도 두려워하지 않고 아픈 어머니한테 달려갔으니, 미자하의 효성스러운 마음은 칭찬을 받아야 마땅하오."

이렇게 해서 미자하는 죄를 짓고도 칭찬을 받았습니다.

또 한번은 왕과 미자하가 과수원에 갔을 때였습니다.

미자하가 복숭아를 한입 베어 먹어 보니 맛이 아주 달았습니다. 그래서 자기가 먹던 것을 왕에게 내밀었습니다.

"이 복숭아 좀 드셔 보세요. 아주 달고 맛있습니다."

그것을 본 신하들은 깜짝 놀랐습니다.

"아니, 그게 무슨 버릇없는 짓인가! 감히 왕한테 제가 먹던 복숭아를 주다니!"

"세상에 그런 몹쓸 짓을 저지르고도 살아남기를 바라느냐?"

신하들은 모두 미자하한테 벌을 주어야 한다고 말했습니다.

그러나 왕은 껄껄 웃으며 말했습니다.

"그만들 하시오. 맛있는 것을 혼자 먹지 않고 나누어 먹으려는 미자하의 마음씨가 얼마나 아름답소!"

왕은 미자하를 또 용서해 주었습니다.

그러나 세월이 흘러 미자하가 나이를 먹자, 왕은 더 이상 미자하를 사랑하지 않게 되었습니다.

그러던 어느 날, 미자하는 작은 잘못을 저질러 왕의 꾸지람을 듣게 되었지요.

왕은 크게 화를 내며 말했습니다.

"너는 예전에 감히 허락도 없이 내 수레를 몰래 타고 고향에 내려간 죄를 지은 놈이다. 게다가 먹던 복숭아를 왕한테 먹으라고 내민 죄도 저질렀다. 너처럼 괘씸한 놈은 더 이상 가만둘 수가 없다. 여봐라! 이놈을 당장 끌고 가서 큰 벌을 주어라!"

이렇게 해서 미자하는 큰 벌을 받게 되었답니다.

'여도의 죄'란 바로 이 이야기에서 나온 말입니다.

미자하가 먹던 복숭아를 왕한테 내민 일을 두고, 왕은 기분에 따라 처음에는 죄가 아니라고 했다가 나중에는 죄라고 했지요.

'여도의 죄'란 이렇게 '기분에 따라 멋대로 바뀌는 죄'를 뜻합니다.

도움말 옳다고 속기 쉬운 판단 ④ 기분에 따른 판단

이 이야기는 중국의 『한비자』라는 책에 있는 이야기입니다.

한비자는 이 이야기를 예로 들며, 판단은 기분에 따라서 달라질 수 있으니 신하가 의견을 말할 때에는 왕의 기분이 어떤지 잘 살펴야 한다고 말합니다.

하지만 왕의 기분이 어떻든 간에 틀린 것은 틀린 것이고, 옳은 것은 옳은 것이지요. 안 그래요?

사람은 기계가 아니어서 언제나 논리적으로만 생각하지는 않습니다.

어른들도 그렇습니다.

똑같은 시험 점수를 가지고도 기분이 좋을 때에는 "그래, 이 정도면 잘한 편이야." 하고 칭찬을 하지만 기분이 나쁠 때는 "이걸 점수라고 받아 온 거냐!" 하고 꾸짖기도 합니다.

그래서 여러분도 되도록 부모님 기분이 좋을 때 시험지를 보이려고 눈치를 보잖아요?

판단은 이렇게 기분에 따라 달라진다는 점도 잘 알아 두세요.

하지만 판단이 기분에 따라 달라진다고 해서, 그 판단의 옳고 그름까지 달라지는 것은 아닙니다. '판단이 옳으냐, 그르냐?'의 문제는 '판단하는 사람의 기분이 좋으냐, 나쁘냐?'의 문제와는 아무런 관계도 없으니 말이에요.

그러므로 판단의 옳고 그름을 냉정하게 따질 때는 기분에 따라 판단하면 곤란합니다. 앞 이야기에 나오는 위나라 왕처럼 자기 기분이 좋을 때는 죄를 지어도 용서해 주고, 기분이 나쁠 때는 묵은 죄까지 끄집어내어 벌을 준다면 나라 꼴이 엉망이 되고 말 테니까요.

이런 사람이 왕으로 있는 나라는 간신들과 아첨꾼들만 우글우글 모여들 것입니다. 그렇지요?

알아맞혀 보세요!

여러분도 기분에 따라 판단했다가 실수한 적이 있을 것입니다. 그런 예들을 몇 가지만 떠올려 보세요.

104

반달곰 할머니의 실수

깊은 산 속 옹달샘에서 사슴 한 마리가 물을 마시고 있는데 늑대가 시비를 걸었습니다.

"이놈! 누구 허락을 받고 감히 내 옹달샘에서 물을 마시느냐!"

사슴은 깜짝 놀라 말했습니다.

"이 옹달샘이 늑대님 것이라고요? 저는 벌써 몇 년째 이 옹달 샘에서 물을 마셨어요. 그리고 숲 속에 있는 동물들도 누구나 여기에서 물을 마시지요. 하지만 이 옹달샘이 늑대님 것이라는 얘기는 처음 듣는군요."

"이 옹달샘은 네가 태어나기도 전에 우리 아버님이 파 놓은 거야. 네가 벌써 몇 년째 내 옹달샘 물을 먹었다니, 도저히 용서 할 수 없다. 너를 잡아먹어야겠어."

사슴은 기가 막혔습니다.

"좋아요. 그렇다면 저기 산골짜기에 살고 있는 반달곰 할머니한테 물어봐요. 반달곰 할머니는 이 옹달샘이 진짜 늑대님 아버지가 파 놓은 건지 아닌지 알려 주실 거예요."

이렇게 해서 사슴과 늑대는 반달곰 할머니를 찾아갔습니다.

"반달곰 할머니, 저 옹달샘이 진짜 늑대 아버지가 파 놓은 것인가요?"

사슴이 묻자, 반달곰 할머니는 고개를 갸웃거렸습니다.

"뭐? 그런 말은 처음 듣는걸……."

그러자 늑대가 한숨을 푸욱 쉬었습니다.

"반달곰 할머니, 사실은 오늘이 아버님 제삿날입니다. 할머니도 잘 아시겠지만, 저희 아버님은 지난번에 저 옹달샘에서 물을 마시다가 그만 허리를 삐는 바람에 시름시름 앓다가 돌아가셨지요."

인정 많은 반달곰 할머니는 혀를 끌끌 찼습니다.

"저런, 쯧쯧……. 그랬구먼."

늑대는 눈물을 글썽이며 계속 말했습니다.

"저는 저 옹달샘만 보면 돌아가신 아버님 얼굴이 떠오릅니다. 저는 늘 아버님 속만 썩이던 불효자였지요. 저희 아버님은 사슴 고기를 무척 좋아하셨어요. 그래서 돌아가실 때 사슴 고기를 꼭 한 토막만 먹고 싶다고 애원을 하셨습니다. 저는 사슴 고기를 구하려고 추운 겨울날 온 숲을 헤매고 다녔지요. 발은 부르트고, 몸은 꽁꽁 얼고……."

　늑대는 흑흑 울음을 터뜨렸습니다. 반달곰 할머니 눈에도 눈물이 어렸습니다.

　"그래, 늑대 양반은 아주 효자로구먼."

　"그런데 아무리 돌아다녀 봐도 사슴을 찾을 수 없었어요. 그 못된 사슴들은 모두 어디로 가 버렸는지 한 마리도 보이지 않았지요. 저는 하는 수 없이 빈손으로 아버님이 누워 계신 동굴로 돌아왔지요. 그때 아버님은 이미 숨을 거두셨더군요. 반달곰 할머니, 제가 왜 밤마다 절벽 위에 올라가 달을 바라보며 우는지 아십니까? 그건 아버님의 마지막 소원을 들어 들이지 못한 원한이 가슴에 맺혔기 때문입니다. 사슴, 그 사슴 한 마리만 있었다면……."

늦대는 더 말을 잇지 못하고 엉엉 통곡을 했습니다. 반달곰 할머니도 늦대를 얼싸안고 울음을 터뜨렸습니다.

"그런데 오늘에야 저는 사슴 놈을 아버님 옹달샘 근처에서 만난 겁니다. 그러니 제 마음이 어떻겠습니까?"

"쯧쯧, 그래. 그 마음 내가 알지, 다 알아……."

반달곰 할머니는 고개를 끄덕였습니다.

"흑흑, 할머니……. 그런데 글쎄 저 몹쓸 사슴 놈이 저 옹달샘이 저희 아버님이 파 놓은 옹달샘이 아니라는 겁니다. 세상에 이렇게 원통할 때가 어디 있겠어요? 엉엉엉……."

반달곰 할머니는 그 말을 듣고 눈물이 그렁그렁한 눈으로 사슴을 쏘아보았습니다.

"사슴아, 넌 정말 못됐구나! 이 가엾은 늦대 양반을 꼭 그렇게 괴롭혀야겠니? 그 옹달샘은 늦대 아버님이 파 놓은 옹달샘이 분명해."

그 말을 듣고 늦대는 사슴에게 말했습니다.

"자, 어때? 반달곰 할머니 말씀 잘 들었지?"

늦대는 단숨에 달려들어 사슴을 잡아먹고 말았답니다.

"반달곰한테 판결해 달라고 부탁하기 전에 너는 지혜 없는 동정심이 얼마나 어리석은지 알았어야 했어!"

늘대는 이렇게 중얼거렸지요.

옳다고 속기 쉬운 판단 ⑤
불쌍한 생각이 들게 하는 판단

우리는 누구나 약한 사람이나 어려움에 빠진 사람을 가엾게 여기는 마음을 가지고 있습니다.

그래서 권투 시합을 볼 때도 이왕이면 형편없이 얻어맞는 선수를 편들곤 하잖아요?

약한 사람이나 어려움에 빠진 사람을 가엾게 여겨 도와주려는 마음은 아주 소중하고 아름다운 마음입니다.

하지만 앞 이야기에 나오는 반달곰 할머니처럼 무작정 늘대를 동정하고 나선다면 어떻게 될까요?

결국 늘대의 잔꾀에 속아 넘어가 죄 없는 사슴한테 해를 끼친 꼴이 되고 말겠지요?

그래요. 늘대 말대로 '지혜 없는 동정심'은 때때로 아주 어리석은 결과를 가져오기도 합니다.

"늘대가 불쌍하다."는 판단과 "옹달샘은 늘대의 것이다."는 판단은 서로 다른 판단이니 분명하게 구분되어야 옳습니다.

그러므로 반달곰 할머니가 좀 더 지혜로웠다면 이렇게 말해야겠지요.

"늑대야, 정말 가엾구나. 하지만 그렇다고 해서 옹달샘이 네 것이 될 수는 없어!"

'지혜 없는 동정심'은 때때로 아주 위험한 결과를 가져오기도 합니다.

그러므로 판단을 할 때는 분별력을 잃지 않게 늘 조심해야 합니다.

알아맞혀 보세요!

여러분은 다음 판단에 동의합니까, 동의하지 않습니까? 왜 동의하는지, 또는 왜 동의하지 않는지 그 까닭을 말해 보세요.

- 이 사람은 부모님을 잃은 슬픔을 잊으려고 마약을 복용한 것입니다. 재판장님께서도 부모님을 잃은 슬픔을 잘 아실 겁니다. 저는 이 사람이 비록 마약을 복용하기는 했지만, 용서해 주는 것이 옳다고 생각합니다.

- 대통령 자리에서 편하게 지내던 사람이 추운 절간에서 저런 고생을 하고 있으니 정말 안됐어. 대통령 자리에 있을 때 독

재자이지, 어디 지금까지 독재자인가? 에이그, 보기에도 딱
하니 이제 그만 용서해 줍시다.

(전두환 전 대통령은 "독재자를 처벌하라."는 국민들의 항의에 쫓
겨 백담사라는 절에 몸을 피했습니다. 그것을 보고 동정심 많은
아주머니들은 이렇게 말하기도 했답니다.)

예순두 번째 이야기
죽은 늑대한테 배운 것

사자와 늑대와 여우가 함께 사냥을 나갔습니다.

셋은 하루 종일 숲 속을 뛰어다니다가 커다란 사슴 한 마리를 잡았습니다.

사자는 죽은 사슴을 앞에 놓고 말했습니다.

"자, 이제 공평하게 나누어 먹어야겠지? 누가 나누어 볼 테냐?"

그러자 늑대가 나서서 자기가 나누어 보겠다고 했습니다.

늑대는 사슴을 무게나 크기가 똑같게 세 토막으로 갈라 놓았습니다.

"자, 어때요? 공평하지요? 사자님부터 먼저 골라잡으세요!"

사자는 화가 난 얼굴로 늑대를 쏘아보았습니다.

"내가 보기에는 조금도 공평하지 않다. 다시 나누어 보아라."

늑대는 고개를 갸웃거리며 말했습니다.

"다시 나누어도 마찬가지예요. 저는 무게나 크기가 똑같게 세 토막으로 나누었으니까요."

"그래? 네 눈에는 이게 공평하단 말이지?"

사자는 마구 화를 내더니 늑대를 물어 죽이고 말았습니다.

"자, 이제 여우 네가 나누어 보아라."

사자는 여우를 쏘아보며 말했습니다.

여우는 조그만 사슴 꼬리 한 토막만을 자기 몫으로 하고, 나머지는 모두 사자 몫으로 나누었습니다.

그것을 본 사자는 껄껄껄 웃었습니다.

"그래, 너는 아주 똑같이 나누었구나. 그런데 이렇게 공평하게 나누는 법을 누구한테 배웠지?"

여우는 턱으로 죽은 늑대를 가리키며 말했습니다.

"그야 방금 죽은 늑대한테 배웠지요."

도움말 옳다고 속기 쉬운 판단 ⑥
공포 분위기를 담고 있는 판단

여우가 몫을 나눈 방법이 정말 공평한 것일까요?

그렇지 않겠지요? 아무리 배짱 좋은 여우라 해도 바로 코앞에서 사자가 늑대를 물어 죽이는 꼴을 보고서야 어떻게 몫을 공평하게 나눌 수 있겠어요.

이런 식의 공포 분위기는 때때로 우리 판단을 흐리게 합니다. 어떤 부모님들은 어린아이들을 가르칠 때 공포 분위기를 이용하는 방법을 쓰곤 하더군요.

"너 이 약 안 먹으면 망태 할아버지가 떼끼 놈 하고 잡아간다!"

이런 말은 여러분도 많이 들어 보았지요?

약을 먹어야 하는 까닭을 설명하는 대신 "망태 할아버지가 떼끼 놈 하고 잡아간다."며 협박을 하는 것이지요. 물론 부모님

114

이 나쁜 뜻을 가지고 이런 말을 하는 것은 아니겠지만요.

그러나 때때로 어떤 사람들은 남을 속이기 위해 일부러 이런 공포 분위기를 퍼뜨리기도 합니다.

이를테면 엉터리 종교인들이 그렇습니다.

"교회에 나오지 않는 사람들은 모조리 지옥의 불구덩이 속에 떨어질 것입니다. 그때 가서 후회하지 말고, 지금 교회에 나오십시오!"

'지옥의 불구덩이 속에 떨어지지 않기 위해서'가 교회에 나가야만 하는 오직 하나뿐인 이유는 아닙니다.

교회에 다니면 마음이 평화로워진다거나, 좋은 복음을 많이 들을 수 있다거나, 세상을 사랑하는 마음이 생긴다거나 하는 이유도 있겠지요. 그런데 엉터리 종교인들은 가장 무시무시한 이유만을 일부러 크게 떠벌리며 교회에 나오라고 강요하는 것입니다.

만일 이런 말을 듣고 "교회에 나가는 것이 옳다."고 판단한다면 교회에 나가는 참된 목적을 잃어버리게 되겠지요?

다만 여기서 주의할 점이 있습니다.

공포 분위기를 담고 있다고 해서 무조건 틀린 판단이라고 생각해서는 안 된다는 점입니다.

다음과 같은 판단은 어떨까요?

"만일 핵 전쟁이 일어난다면 살아남을 사람은 단 한 사람도 없다."

이런 말을 들으면 으스스한 기분이 들기는 하지만, 이것은 핵
전쟁의 위험에 대해 있는 그대로 말한 것뿐이지요.

이런 판단까지 공포 분위기를 담은 판단으로 여기면 안 되겠
지요?

알아맞혀 보세요!

다음 판단들은 모두 공포 분위기를 담고 있습니다. 이 판단들
이 옳은지 그른지 가름해 보세요. 그리고 왜 옳다고 생각하는
지, 또는 왜 그르다고 생각하는지 그 이유를 대 보세요.

- 경고 : 흡연은 폐암 등 각종 질병의 원인이 되며, 특히 임산
  부와 청소년의 건강에 해롭습니다.

- 10월 28일에 세상에 종말이 옵니다! 그러니 가족이나 재산
  은 아무 소용이 없습니다. 어서 교회에 모든 것을 바치십
  시오!

- 세상에 종말이 온다 해도, 우리는 한 그루의 사과나무를 심
  는 일을 포기해서는 안 됩니다.

- 아무개 후보가 대통령이 된다면, 우리나라는 일 년 안에 완전히 망해 버리고 말 것입니다. 그때 가서 후회하지 말고, 저를 대통령으로 뽑아 주십시오!

여러 가지
오류들·1

가난한 까닭

공부를 아주 많이 한 학자가 있었습니다.

사람들은 궁금한 일이 있으면 때때로 그 학자에게 찾아가 물어보곤 했지요.

어느 날, 가난한 젊은이가 학자를 찾아왔습니다.

젊은이는 학자에게 조심스럽게 물었습니다.

"저는 가난에서 벗어나 보려고 열심히 애를 쓰지만 늘 이 모양이 꼴입니다. 선생님, 저는 왜 이렇게 가난한 걸까요? 제발 그 까닭을 좀 가르쳐 주십시오."

학자는 고개를 끄덕이며 말했습니다.

"왜 가난하냐구요? 그래요, 사람들은 때때로 그런 의문을 갖곤 하더군요. 하지만 그 문제에 대해서 깊이 탐구해 보려고 하는 사람은 많지 않더군요."

학자는 컵에 물을 따라 한 모금 마시고는 계속 말했습니다.

"자, 차근차근 따져 봅시다. 당신은 왜 가난한 것일까요? 그건 당신이 경제적으로 궁핍하기 때문이지요. 경제적으로 궁핍하지 않다면 가난할 까닭이 없잖습니까? 그렇습니다! 당신은 바로 그 점을 잊고 있는 것입니다. 그래서 경제적으로 궁핍하지 않으려고 노력을 하지 않는 것이지요. 이건 아주 중요한 문제이지요. 경제적인 궁핍에서 벗어나려는 노력만 한다면, 당신은 가난에서 쉽게 벗어날 수 있을 것입니다."

젊은이는 그 말을 듣고 기뻐하며 외쳤습니다.

"선생님, 고맙습니다. 이제 제가 왜 가난한지 그 까닭을 알겠습니다. 앞으로는 경제적 궁핍에서 벗어나도록 노력하겠습니다. 정말 고맙습니다."

젊은이는 학자에게 거듭 고맙다고 인사하고는 집으로 돌아갔습니다.

며칠 뒤, 젊은이는 다시 학자를 찾아와 머뭇거리며 말했습니다.

"그런데 선생님…… 아무리 생각해도 모르겠군요. 제가 왜 가난한지는 알겠는데, 제가 왜 경제적으로 궁핍한지는 도무지 모르겠어요. 죄송하지만 한 번만 더 가르침을 주십시오."

학자는 얼굴을 찌푸리며 젊은이를 꾸짖었습니다.

"당신은 조금도 깊이 생각해 볼 생각을 않는군요!"

"죄송합니다……. 저는 통 배우지 못해서……."

"그런 문제는 하나하나 따져 가며 생각해 보면 금세 알 수 있잖습니까? 어째서 경제적으로 궁핍한가? 그건 아주 간단합니다. 무엇보다 당신은 돈이 없습니다. 그렇잖습니까?"

"예, 옳으신 말씀입니다요. 저는 돈이 없습지요."

"그리고 당신은 재산이 많지 않습니다. 땅도 없고, 집도 없고, 저축한 돈도 없습니다. 그렇다고 벌이가 좋으냐 하면 그것도 아닙니다. 늘 하루 벌어 하루 먹고 살기도 바쁜 형편이지요? 제 말이 틀렸습니까?"

"아이구, 천만에요. 족집게처럼 꼭꼭 꼬집어 내시는 말씀입지요."

학자는 자랑스러운 표정을 지으며 말했습니다.

"그렇습니다. 당신은 돈도 없고 재산도 없으니까 경제적으로 궁핍한 것이지요. 문제는 바로 거기에 있는 것입니다."

젊은이는 기뻐하며 외쳤습니다.

"아하! 이제 알겠습니다. 그러니까 제가 경제적으로 궁핍한 까닭은 돈도 없고, 재산도 없기 때문이군요! 알겠습니다, 선생님. 앞으로 돈도 많이 벌고 재산도 많이 늘리기 위해 노력하겠습니다. 많은 가르침을 주셔서 정말 고맙습니다."

젊은이는 학자에게 연거푸 인사를 하고 돌아갔습니다.

그런데 며칠 뒤 젊은이는 또 학자를 찾아왔습니다.

젊은이는 얼굴을 붉히며 물었습니다.

"저, 선생님…… 정말 죄송합니다. 선생님 가르침을 듣고 나서 제가 왜 경제적으로 궁핍한지는 알게 되었습니다. 그런데 선생님, 저는 왜 돈도 없고 재산도 없는 것일까요?"

학자는 짜증스럽다는 듯이 벌컥 화를 냈습니다.

"정말 한심한 젊은이로군! 왜 돈도 없고 재산도 없냐구? 그야 가난하기 때문이지! 가난하지만 않다면 돈도 많고 재산도 많을 게 아니오. 스스로 생각해 볼 생각은 않고 걸핏하면 찾아오니 이거야 귀찮아서, 원!"

학자는 이렇게 외쳤답니다.

자, 여러분! 진짜 한심한 사람은 누구일까요? 젊은이일까요, 아니면 학자일까요?

순환 논리의 오류

물론 학자입니다. 하지만 학자의 엉터리 말에 속아 넘어간 젊은이도 한심하기는 마찬가지이지요.

여러분은 앞 이야기에 나오는 학자의 말이 왜 잘못되었는지 금세 알아차릴 수 있겠지요?

당신은 경제적으로 궁핍하다. (근거)
⇨ 그러므로 당신은 가난하다. (결론)

여기서 '가난하다'나 '경제적으로 궁핍하다'나 똑같은 뜻이지요?

결국 학자는 "당신은 가난하다."는 결론을 뒷받침하는 근거로 "당신은 가난하다."를 든 셈입니다. 결론과 근거가 똑같으니 결국 학자는 아무런 근거도 대지 못한 것이나 마찬가지이지요. 여러 가지 유식한 말을 잔뜩 늘어놓기는 했지만, 학자는 그저 "당신은 가난하기 때문에 가난하다."고 말했을 뿐이지요.

젊은이가 이것을 뒤늦게 깨닫고 다시 찾아와 "제가 경제적으로 궁핍한 까닭은 뭡니까?" 하고 묻자, 학자는 또 이렇게 말합니다.

당신은 돈도 없고, 재산도 없다. (근거)

⇨ 그러므로 당신은 경제적으로 궁핍하다. (결론)

이것도 마찬가지입니다. '돈과 재산이 없다'나 '경제적으로 궁핍하다'나 같은 뜻이지요. 그러므로 학자는 같은 말을 자꾸 되풀이한 것에 지나지 않습니다.

이렇게 결론을 뒷받침하는 근거로서 결론을 되풀이하는 논리의 오류를 **순환 논리의 오류**라고 합니다. 여기서 **순환**이란 '계속 되풀이된다.'는 뜻이지요.

순환 논리의 오류는 언뜻 보면 그럴듯해 보여 속기 쉽습니다. 그러나 실제로는 순 엉터리 논리이지요.

또 다른 예를 들어 볼까요?

"네가 몸이 약한 까닭은 건강하지 못하기 때문이야."

'몸이 약하다'나 '건강하지 못하다'나 똑같은 뜻이지요?

결국 이 말은 "네가 몸이 약한 까닭은 몸이 약하기 때문이다." 하고 되풀이해서 말한 것에 지나지 않지요.

"너는 몸이 약하다."는 주장을 뒷받침하는 근거로서 "너는 몸이 약하다."를 들었으니, '순환 논리의 오류'에 빠지고 만 것이지요.

이런 '순환 논리의 오류'는 아주 흔하고, 또 자칫하면 그냥 모르고 넘어가기도 쉬우니 늘 조심조심 살펴보아야 합니다.

다음 판단들에서 어떤 부분이 '순환 논리의 오류'를 저지르고 있는지 찾아보세요.

- 죄인이 많은 까닭은 세상이 타락했기 때문이야. 왜 세상이 타락했냐구? 그야 죄인이 많기 때문이지.

- 1+1=2이다. 왜냐 하면 하나에 하나를 더하면 둘이 되기 때문이다.

- 왜 네가 싫으냐구? 싫으니까 싫지!

- 우리는 '순환 논리의 오류'를 저지르면 안 된다. 왜냐 하면 우리는 자꾸 되풀이되는 논리의 오류를 저지르면 안 되기 때문이다.

파만 썰던 요리사

어느 동네에 음식 맛이 좋기로 소문난 식당이 있었답니다.

"이 식당 음식은 정말 맛있어."

"둘이 먹다가 하나가 죽어도 모르겠어요."

식당을 찾아온 손님들은 늘 이렇게 칭찬을 늘어놓았지요.

그러던 어느 날, 이웃 동네에 있는 식당 주인이 이 집을 찾아와서 주인에게 물었습니다.

"음식 맛이 이렇게 좋은 비결이 뭡니까? 무슨 특별한 재료라도 쓰십니까? 저도 식당을 하는데, 손님들이 음식 맛이 없다고 늘 불평을 합니다. 음식 맛이 좋은 비결이 뭔지 제발 좀 가르쳐 주십시오."

식당 주인은 껄껄 웃으며 말했습니다.

"하하, 특별한 재료를 쓰지는 않습니다. 그저 우리 집 주방에서 일하는 요리사들이 음식 만드는 솜씨가 좋기 때문이지요."

이웃 동네 식당 주인은 고개를 끄덕였습니다.

'음, 이 집 요리사들이 음식 만드는 솜씨가 좋다구? 그렇다면 이 집 요리사 가운데 한 명만 우리 식당으로 데려가야겠어. 그러면 우리 식당도 음식 맛이 좋다고 소문이 나겠지.'

이웃 동네 식당 주인은 이렇게 생각했습니다.

식당 주인은 그다음 날부터 음식 맛 좋은 식당 요리사들을 만나러 다녔습니다. 그리고 월급을 많이 줄 테니 자기네 식당에서 일해 달라고 사정했지요.

그러나 요리사들은 모두 고개를 절레절레 흔들었습니다.

"지금 있는 식당이 좋아요. 떠날 생각은 조금도 없어요."

그러자 이웃 동네 식당 주인은 애가 탔습니다.

"여기는 요리사도 많은데 뭘 그래요. 아무나 좋으니 딱 한 명만 우리 식당으로 갑시다."

이렇게 애쓴 끝에 겨우 요리사 한 명을 자기네 식당으로 데려갈 수 있었습니다. 월급을 아주 많이 주기로 하고 말입니다.

며칠 뒤, 그 요리사는 이웃 동네 식당으로 출근했습니다.

그런데 주방에 들어간 요리사는 음식 만들 생각은 않고 멀뚱멀뚱 앉아 있기만 했습니다.

식당 주인은 고개를 갸우뚱거리며 물었습니다.

"아니, 왜 음식 만들 준비를 안 하는 거요?"

그러자 요리사는 이상하다는 듯이 그를 쳐다보았습니다.

"나 혼자 어떻게 음식을 만듭니까?"

"왜요? 그 식당 요리사들은 요리 솜씨가 좋다던데……."

그러자 요리사는 답답하다는 듯이 이렇게 말했습니다.

"이봐요! 저는 그 식당 주방에서 파만 썰었어요. 물론 제가 파하나는 기가 막히게 잘 썰지요. 하지만 파만 잔뜩 썰어 놓는다고 음식이 됩니까?"

그 말을 듣고 식당 주인은 어이가 없어 입을 쩍 벌릴 수밖에 없었지요.

분할의 오류

그래요. 식당 주인은 잘못 생각한 것입니다.

음식 맛 좋은 식당 요리사들이 음식을 잘한다고 해서, 요리사들 모두가 다 음식을 잘한다고 할 수는 없습니다.

그 식당 요리사들 가운데에는 음식 재료의 양을 맞추는 요리사, 고기를 다듬는 요리사, 음식 간을 맞추는 요리사, 음식을 알맞은 온도로 데우는 요리사, 파를 써는 요리사 등등이 있을 것입니다.

이런 요리사들이 함께 힘을 모아서 맛있는 음식을 만든 거지요.

그런데 이웃 동네 식당 주인은 그것도 모르고, '그 가운데 아무나 한 명만 데려오면 맛있는 음식을 만들 수 있다.'고 생각한 것입니다.

이처럼 어떤 것을 나누어 쪼개 놓아도 그와 똑같은 특성을 지니고 있으리라 생각하는 것은 오류입니다.

이러한 오류를 **분할의 오류**라고 합니다. **분할**이란 '나누어 쪼갠다.'는 뜻이지요.

비슷한 이야기를 하나 더 해 볼까요?

어떤 그림 수집가가 이름 없는 화가의 그림을 샀습니다.

세월이 흘러 이 화가가 유명해지자, 덩달아 그림 값도 엄청나게 올라 버렸지요.

그림 수집가는 늙어 죽기 전에 이 그림을 다섯 아들에게 유산으로 물려주었습니다.

아버지 장례식이 끝나자마자, 다섯 아들은 그림을 서로 가지려고 티격태격 싸웠습니다.

결론이 안 나자 마침내 다섯 아들은 그림을 공평하게 다섯 조각으로 나눠 가지기로 했습니다. 아들들은 저마다 그림을 한 조각씩 나누어 가지고 집으로 돌아갔습니다.

그러나 그림을 팔려고 그림 가게에 간 아들들은 자기들 실수를 뼈저리게 후회하지 않을 수 없었지요. 다섯 조각으로 갈래갈래 찢긴 그림을 사려는 사람은 아무도 없었으니까요.

여기서 다섯 아들이 저지른 오류 또한 바로 '분할의 오류'입니다.

아무리 잘 그린 그림이라 해도 갈래갈래 찢어 놓는다면 아무 가치도 없는 것이지요.

(알아맞혀 보세요!)

다음 예들은 어떤 점에서 '분할의 오류'를 저지르고 있는지 살펴보세요.

• 미국은 돈이 많은 나라야. 그러니 미국 사람들은 누구나 돈

이 많을 거야.

- 종달새 합창단은 인기가 좋다. 그러므로 종달새 합창단에 소속된 사람들은 누구나 인기가 좋을 것이다.

- 뭉게구름은 하얀색이다. 그러므로 뭉게구름을 이루고 있는 물방울들은 모두 다 하얀색이다.

새들의 합창

옛날에 새 소리를 아주 좋아하는 왕이 있었습니다.

왕은 늘 산과 들을 거닐면서 새들이 지저귀는 소리를 들으며 감탄하곤 했습니다.

"아, 꾀꼬리 소리는 언제 들어도 아름다워!"

"뻐꾸기 소리는 늘 기분을 편안하게 해 주거든!"

"하하하, 휘파람새 소리는 귀여운 맛이 있어."

그러던 어느 날, 왕은 문득 이런 생각을 했습니다.

'새 소리는 따로따로 들어도 이렇게 아름다운데, 함께 들으면 얼마나 더 아름다울까? 이 아름다운 새 소리를 한꺼번에 들을 수 있다면 정말 멋질 거야.'

왕은 신하들에게 이렇게 명령했습니다.

"여봐라! 병사들을 시켜 산과 들에 사는 새들을 모조리 잡아오너라. 그리고 궁전 앞뜰에 커다란 새장을 지어 그곳에 새들을 가두어 놓아라. 새들의 합창 소리가 듣고 싶구나."

병사들은 산과 들을 뛰어다니며 새들을 잡았습니다.

며칠 뒤, 궁전 앞뜰에 있는 커다란 새장 속에는 새들이 우글
거리게 되었습니다. 꾀꼬리, 뻐꾸기, 휘파람새, 종다리, 방울새,
두견이, 멧새, 찌르레기……

왕은 기분이 좋아 껄껄 웃었습니다.

"하하하, 이제 새들의 아름다운 합창을 들을 수 있겠군. 자,
새들아, 어서 아름다운 노래를 불러 보아라."

그러자 새들은 저마다 입을 열어 노래를 부르기 시작했습니다.

"찌르르 뻐꾹뻐꾹 쪼로롱 휘르륵 지지재재 꾀꼴꾀꼴 꼬롱꼬롱 짹짹……."

새들이 한꺼번에 지저귀니 양철 지붕에 우박 떨어지는 소리처럼 요란했지요.

왕은 얼굴을 찌푸리며 귀를 막았습니다. 그러고는 신하들에게 다시 명령했습니다.

"아이구, 시끄러워! 여봐라! 이 새들을 얼른 다시 산과 들로 날려 보내라. 따로따로 듣는 게 훨씬 낫겠구나!"

도움말 결합의 오류

왕은 아마 '1＋1＝2' 식으로 따져서, '아름다운 새 소리＋아름다운 새 소리＝더 아름다운 새 소리'라고 생각했나 봅니다.

그러나 이것은 착각이겠지요?

이처럼 부분을 몽땅 합해 놓으면 그와 똑같은 성질을 가진 것이 되리라 생각하는 오류를 **결합의 오류**라고 합니다. **결합**이란 '모아서 하나로 묶는다.'는 뜻이지요.

여러분은 '열 번째 이야기'에서 예쁜 코, 예쁜 눈, 예쁜 이마, 예쁜 입술 따위의 예쁜 부분들을 잔뜩 모아 놓고, 세상에서 가장 예쁜 여자 얼굴을 그리려던 화가 이야기를 기억할 거예요.

136

그래요. 그 화가도 바로 '결합의 오류'를 저질렀던 것입니다.

예쁜 부분들을 다 모아 놓는다고 해서, 전체가 예쁘라는 법은 없으니까요.

한 가지 예를 더 들어 볼까요?

여러분은 역사 이야기를 다룬 연속극에서 죄인들이 임금이 내린 사약을 마시고 죽는 장면을 본 적이 있을 것입니다.

"어명이다! 죄인은 어서 나와 사약을 받아라!"

그러면 죄인은 "성은이 망극하여이다!" 하고 외친 다음에 사약을 꿀꺽꿀꺽 마시고 픽 쓰러지잖아요?

'사약'은 쉽게 말하자면 '독약'이지요.

그런데 옛날 사람들은 이 사약을 인삼과 여러 가지 몸에 좋은 약재들을 섞어서 만들었다고 합니다. 몸에 좋은 약재들을 많이 모아 약을 만들었으니 몸에 좋은 보약이 될 것 같지요?

하지만 그렇지 않답니다. 그것을 어떻게 조제하느냐에 따라 보약이 되기도 하고, 독약이 되기도 하는 것이지요.

몸에 좋은 약재들을 잔뜩 모아 놓은 약이라고 해서 반드시 몸에 좋은 약이란 법은 없습니다.

이것을 무시하고 몸에 좋은 약이라면 그저 무조건 잔뜩 먹고 보자고 생각한다면 바로 '결합의 오류'를 저지르게 되는 것이지요.

또 빨강, 파랑, 노랑이 아름다운 색깔이니까, 이 색깔들을 합

해 놓아도 아름다운 색깔이 되리라고 믿는다면 '결합의 오류'를
저지르게 됩니다.

빨강, 파랑, 노랑을 합해 놓으면 칙칙한 검은 색깔이 되어 버
리니까요.

알아맞혀 보세요!

다음 예들은 어떤 점에서 '결합의 오류'를 저지르고 있는지 살
펴보세요.

- 이 영화는 인기가 있을 거예요. 왜냐 하면 이 영화에는 인기
  있는 배우들만 출연하기 때문이죠.

- 좋은 참고서도 있고, 좋은 공부방도 있고, 좋은 학용품도 있
  고, 좋은 과외 공부도 하고……. 그러니 성적도 좋을 거야.

- 저희 회사 제품은 아주 좋은 재료만을 써서 만들었습니다.
  그래서 저희 회사 제품은 성능도 아주 좋습니다.

화살에 과녁 맞히기

어떤 젊은이가 활 쏘는 연습을 하고 있었습니다.

그런데 젊은이가 쏜 화살은 자꾸 과녁을 빗나갔습니다.

"에잇 참, 왜 이렇게 안 맞지?"

젊은이는 투덜거리며 계속 활을 쏘았습니다.

하지만 화살은 엉뚱한 곳으로 날아가 나무에도 꽂히고, 담장에도 꽂히고, 땅에도 꽂혔습니다.

젊은이는 문득 좋은 생각이 떠올랐습니다.

"가만있자…… 화살이 어차피 과녁 한가운데만 꽂히면 되잖아? 그러면 이렇게 과녁에 맞히려고 애쓸 게 아니라, 화살이 꽂힌 둘레에 과녁을 그리면 되겠군!"

젊은이는 이렇게 외치며 집으로 달려가 붓과 물감을 가져왔습니다. 그러고는 아무 데나 활을 쏘고 나서, 화살이 꽂히면 화살 둘레에다 동그라미를 겹겹으로 그려 놓았습니다. 마치 과녁

139

판처럼 말입니다.

이렇게 그려 놓고 보니, 마치 활을 쏘아 정확하게 과녁에 맞힌 것처럼 보였지요.

"하하하, 이렇게 하면 될 걸 공연히 과녁에 맞히려고 애를 썼군!"

젊은이는 아주 뛰어난 명궁이나 된 듯이 어깨가 으쓱해졌습니다.

"음, 나는 세상에서 가장 활을 잘 쏘는 사람이야. 내 멋진 모습을 초상화로 그려 둬야지."

젊은이는 자기 모습을 그려 달라고 어떤 화가의 작업실에 찾아갔습니다.

젊은이는 화가한테 말했습니다.

"제 초상화 한 장 그려 주십시오."

화가는 젊은이를 힐끗 쳐다보았습니다.

"그럽시다. 자, 저기 의자에 앉으시오."

젊은이가 의자에 앉자, 화가는 초상화를 쓱쓱 그리기 시작했습니다.

얼마쯤 지나자, 화가는 투덜거리며 자리에서 일어났습니다.

"에잇, 틀렸군. 깜박 잊고 단추를 안 그렸잖아!"

화가는 젊은이에게 다가가더니 윗옷 단추를 우두둑 뜯어 버렸습니다.

"이젠 됐어. 그림하고 똑같아졌어!"

화가는 다시 그림을 그렸습니다.

조금 뒤에 화가는 다시 투덜거리며 자리에서 일어났습니다.

"에잇, 또 틀렸군! 바짓단을 너무 짧게 그렸어!"

화가는 가위를 들고 젊은이에게 다가가 바짓단을 싹둑싹둑 잘라 버렸습니다.

"이젠 됐군. 그림하고 똑같아졌어!"

화가는 제자리로 돌아가 다시 그림을 그렸습니다.

조금 뒤, 화가는 또 투덜거렸습니다.

"에잇, 또 틀렸군! 소맷자락을 너무 짧게 그렸어!"

화가는 가위를 들고 젊은이의 소맷자락을 싹둑싹둑 잘라 버렸습니다.

"이젠 됐어. 그림하고 똑같아졌군!"

화가는 흐뭇한 웃음을 지으며 다시 그림을 그렸습니다.

얼마쯤 뒤, 화가는 다시 투덜거리며 자리에서 벌떡 일어섰습니다.

"어허, 참! 깜빡 잊고 귀를 안 그렸군!"

그 말을 듣자 젊은이는 깜짝 놀라서 얼굴이 새파랗게 질렸습니다.

"끼악! 사람 살려!"

젊은이는 귀를 감싸 쥐고 재빨리 달아나 버렸지요.

(도움말) **말 앞에 수레 놓는 오류**

활을 쏠 때는 먼저 과녁을 놓고, 그다음에 화살을 쏘는 게 바른 순서입니다.

그런데 젊은이는 거꾸로 화살을 쏘아 놓고, 그다음에 과녁을 그렸습니다. 이건 순 엉터리지요?

화가도 마찬가지입니다.

초상화를 그릴 때는 사람에 맞춰 그림을 뜯어고치는 게 바른

말 앞에 수레 놓는 오류

순서입니다. 그런데 화가는 거꾸로 그림에 맞춰 사람을 뜯어고
치고 있잖아요?

젊은이나 화가나 모두 엉터리지요.

일이나 생각에는 모두 앞뒤 순서가 있습니다.

"과녁을 놓고 ⇨ 화살을 쏜다."

"사람을 보고 ⇨ 그림을 그린다."

이런 것이 다 앞뒤 순서이지요.

그런데 여기서 앞뒤 순서를 뒤바꾸어 버린다면 오류가 생깁
니다.

그림에 귀를 안 그렸다고 해서 젊은이 귀를 가위로 자르려 든

다면, 이건 어처구니없는 일이지요.

이렇게 앞뒤 순서를 뒤바꾸는 오류를 **말 앞에 수레 놓는 오류**라고 합니다. 말이 수레를 끌어야 할 텐데, 수레가 말을 끌고 간다면 우스운 일이겠지요?

우리가 흔히 쓰는 말 가운데에도 '말 앞에 수레 놓는 오류'를 저지르고 있는 말들이 많습니다.

다음과 같은 말은 어떨까요?

"꼼짝 말고 손 들어!"

손을 들고 나서 꼼짝 말아야지, 꼼짝 말고서야 어떻게 손을 들 수 있겠어요?

"집 지키고 있다가 도둑이 들어오면 얼른 문을 걸어 잠가. 알겠지?"

도둑이 들어오기 전에 문을 잠가야지, 들어오고 나서 문을 잠그면 어떻게 되겠습니까? 이 말을 곧이곧대로 따랐다가는 아주 큰일이 나겠지요?

이런 말들은 우리가 별생각 없이 쓰는 말들이지만, 곰곰이 따져 보면 '말 앞에 수레 놓는 오류'를 저지르고 있는 엉터리 말입니다.

또 '국민 교육 헌장' 가운데 다음 구절을 읽어 볼까요?

"우리는 민족 중흥의 역사적 사명을 띠고 이 땅에 태어났다."

144

우리는 역사적 사명을 띤 다음에 이 땅에 태어난 것일까요, 아니면 이 땅에 태어난 다음에 역사적 사명을 띠게 되는 것일까요?

태어나기 전부터 역사적 사명을 띨 수는 없으니, 이 땅에 태어난 다음에 역사적 사명을 띠게 되는 게 바른 순서입니다.

그러니 이 구절도 '말 앞에 수레 놓는 오류'를 저지르고 있는 셈이지요. 바르게 쓰려면 다음과 같이 써야 합니다.

"우리는 이 땅에 태어나서 민족 중흥의 역사적 사명을 띠게 된다."

자, '말 앞에 수레 놓는 오류'를 저지르고 있는 경우를 우리 주변에서 더 찾아보세요.

알아맞혀 보세요!

다음은 모두 '말 앞에 수레 놓는 오류'를 저지르고 있는 예들입니다. 왜 그런지 잘 살펴보세요.

● 저희 아버지는 저를 꼭 닮았어요.

- 문 꼭 닫고 나가!

- 우리 집 전화번호를 알려 달라구? 글쎄, 갑자기 생각이 안 나는군. 옳지! 저녁때 우리 집에 전화해. 그러면 내가 전화로 우리 집 전화번호를 알려 줄게.

우산 장수와 부채 장수

옛날에 두 아들을 둔 어머니가 살았습니다.

큰아들은 우산 장수이고, 작은아들은 부채 장수였지요.

그래서 어머니는 늘 마음 편할 날이 없었답니다.

날씨가 맑은 날이면 어머니는 이렇게 걱정을 했지요.

"아이구, 날씨가 이렇게 맑으니 큰아이네 우산 장사가 안 되겠구나. 요즘 돈이 없어서 쩔쩔매는데, 장사도 못하게 됐으니 어쩔꼬……."

또 비가 오는 날이면 이렇게 걱정을 했답니다.

"아이구, 비가 오니 작은아이네 부채 장사가 안 되겠구나. 작은아이네는 식구도 많은데, 장사를 못하게 되었으니 큰일이로구나. 큰일이야……."

어머니는 날씨가 맑아도 걱정, 비가 와도 걱정이었습니다.

그 모습을 보고 이웃 사람이 와서 물었습니다.

"뭘 그렇게 걱정하세요?"

"큰아들은 우산 장사를 하고, 작은아들은 부채 장사를 하니 마음 편할 날이 없어요. 날씨가 맑으면 큰아들이 걱정, 비가 오면 작은아들이 걱정이라오."

어머니 말을 듣고 이웃 사람은 껄껄 웃었습니다.

"그럼 반대로 생각하면 되잖아요?"

"반대로 생각하라구요? 그럼 어떻게 생각하란 말입니까?"

"날씨가 맑은 날에는 작은아들네 부채 장사가 잘될 거라고 생각하고, 비가 오는 날에는 큰아들네 우산 장사가 잘될 거라고 생각하면 되잖아요? 행복은 마음먹기에 달린 거예요."

어머니는 고개를 끄덕였습니다.

"옳지! 그러면 되겠군!"

그다음부터 어머니는 이웃 사람 말대로 했습니다.

날씨가 맑은 날이면 어머니는 이렇게 말하며 좋아했습니다.

"아이구, 날씨가 이렇게 맑으니 우리 작은아들 부채 장사가 잘되겠구나! 해님, 해님, 어서 쨍쨍 비춰서 우리 작은아들네 장사가 잘되게 해 주세요!"

또 비가 오는 날이면 이렇게 말하며 좋아했습니다.

"아이구, 비가 오니 우리 큰아들 우산 장사가 잘되겠구나. 비님, 비님, 어서 더 주룩주룩 쏟아져서 우리 큰아들네 장사가 잘되게 해 주세요!"

이렇게 바꾸어 생각하니, 어머니는 날씨가 맑아도 흐뭇, 비가 와도 흐뭇했답니다.

원래 이야기는 여기서 끝나지요? 그리고 이 이야기는 '행복은 마음먹기에 달렸다.'는 교훈을 담고 있다고 하지요?

그러나 이야기는 아직 끝나지 않았답니다.

어느 날, 어떤 나그네가 지나가다 어머니의 이야기를 듣고는 이렇게 말했답니다.

"행복은 마음먹기에 달렸다구요? 그것도 도움말이랍시고 하고 있으니 그 이웃 양반 정말 어리석기 짝이 없군요!"

어머니는 고개를 갸웃거렸습니다.

"왜요?"

"그렇게 단순하게 생각하니까 말입니다."

"그 양반이 뭘 단순하게 생각했다고 그럽니까?"

나그네는 혀를 끌끌 찼습니다.

"큰아들은 꼭 우산 장사만 해야 하고, 작은아들은 꼭 부채 장사만 해야 한다고 생각하는 게 단순한 생각이지 뭡니까?"

어머니는 여전히 고개를 갸웃거렸습니다.

"그러면 어떻게 해야 합니까?"

나그네는 딱하다는 듯이 말했습니다.

"아, 날씨가 맑은 날에는 큰아들더러 작은아들네 부채 장사를 도우라 하고, 비가 오는 날에는 작은아들더러 큰아들네 우산 장사를 도우라고 하면 되잖아요! 그러면 돈을 두 배로 벌 수 있는데, 왜 그 생각을 못합니까?"

어머니는 무릎을 탁 쳤습니다.

"옳거니! 그런 방법이 있었군!"

나그네는 껄껄 웃었습니다.

"진짜 행복해질 수 있는 방법을 궁리해야지, 그저 마음만 먹는다고 행복해집니까? 행복은 '마음먹기' 나름이 아니라, '머리

쓰기'에 달렸답니다."

나그네는 이렇게 말해 주고는 다시 길을 떠났습니다.

어머니는 두 아들을 불러 나그네한테서 들은 이야기를 해 주었습니다.

그러자 두 아들도 무릎을 치며 좋아했지요.

그다음부터 두 아들은 비 오는 날에는 함께 우산 장사를 하고, 날씨가 맑은 날에는 함께 부채 장사를 하게 되었답니다. 그래서 두 아들은 예전보다 훨씬 더 돈을 많이 벌게 되었지요.

그리고 어머니는 날씨가 맑든 비가 오든 이렇게 말하게 되었지요.

"아이고, 오늘은 날씨가 맑으니 우리 아이들 부채 장사가 잘되겠구나!"

"아이고, 오늘은 비가 오니 우리 아이들 우산 장사가 잘되겠구나!"

어머니 얼굴에서는 언제나 벙글벙글 웃음이 가시지 않았답니다.

행복은 '마음먹기'에 달린 것이 아니라, 이렇게 함께 돕고 사는 데 있는 것이지요. 안 그래요, 여러분?

흑백 사고의 오류

앞 이야기는 오류를 저지르고 있기 때문에, 뒷부분을 고쳐 써 보았어요. 어때요, 괜찮지요?

그래요. 나그네가 한 말처럼 "큰아들은 꼭 우산 장사만 해야 하고, 작은아들은 꼭 부채 장사만 해야 한다."는 식으로 생각하는 것은 아주 단순한 생각이랍니다.

"부채 장사를 하지 않으면 우산 장사를 해야 한다!"

이렇게 '이것이 아니면 저것이다.'는 식의 생각을 **흑백 사고**라고 합니다. '흑백'은 '검정과 하양'이란 뜻이고, '사고'는 '생각'이란 뜻이지요.

세상에는 여러 가지 색깔이 많은데, 그것을 무시하고 "모든 색깔은 검정 아니면 하양이다."며 두 가지로 딱 갈라 버린다면 어떨까요? 그건 어처구니없는 생각이겠지요? '흑백 사고'란 바로 이런 생각을 빗댄 말이랍니다.

이렇게 두 가지로 딱 갈라서 판단함으로써 생기는 오류를 **흑백 사고의 오류**라고 합니다.

앞 이야기에서 어머니나 이웃 사람이 저지른 오류가 바로 '흑백 사고의 오류'이지요.

'흑백 사고의 오류'에 또 어떤 예가 있는지 들어 볼까요?

여러분은 가끔 이렇게 말할 때가 있을 것입니다.

"어때, 네 말이 틀렸지? 그것 봐! 그러니까 내 말이 옳다고 했잖아!"

이것도 '흑백 사고의 오류'입니다. "네 말이 옳지 않으니 내 말이 옳다."는 틀린 생각입니다. 둘 다 틀렸을 수도 있잖아요?

또 이런 경우는 어떨까요?

"너는 우리 편이 아니라고? 그렇다면 너는 이제부터 우리 적이다!"

이것도 '흑백 사고의 오류'겠지요?

알아맞혀 보세요!

다음 예들이 어째서 '흑백 사고의 오류'를 담고 있는지 생각해 보세요.

- 남을 위해 살아 봐야 아무도 알아주지 않아. 그러니 나는 이제부터 나 혼자만을 위해 살 거야!

- 너는 별로 슬퍼하지도 않는구나. 흥! 너는 나랑 헤어지는 게 아주 기쁜 모양이지?

- 앞에 가는 사람은 도둑! 뒤에 가는 사람은 경찰!

여러 가지
오류들 · 2

시씨와 맹씨

아주 오랜 옛날, 중국은 노나라, 제나라, 초나라, 위나라, 진나라 등등 크고 작은 여러 나라들로 갈라져 있었습니다.

이 나라들은 때로는 사이좋게 지내기도 하고, 때로는 전쟁을 일으켜 싸우기도 했지요.

이 시대를 '춘추전국시대'라고 부른답니다.

춘추전국시대 때 노나라에 '시'씨 성을 가진 사람이 살고 있었습니다.

시씨한테는 두 아들이 있었는데, 큰아들은 학문을 좋아하고, 작은아들은 무술을 좋아했습니다.

두 아들은 자라서 어른이 되었습니다.

학문을 좋아하는 큰아들은 제나라로 갔습니다. 그리고 제나라 왕에게 말했습니다.

"임금님, 나라를 다스릴 때는 어질고 너그럽게 다스려야 하니

157

다. 그래야 백성들도 평화롭게 살 수 있고, 이웃 나라와 사이좋게 지낼 수 있습니다. 저는 학문을 많이 닦았으니 임금님께 그 방법을 알려 드리겠습니다."

제나라 왕은 학문을 몹시 좋아하는 사람이었습니다. 그래서 시씨네 큰아들 말을 듣고 아주 기뻐하면서 큰아들을 제나라 정승으로 삼았습니다.

무술을 좋아하는 작은아들은 초나라에 갔습니다. 그리고 초나라 왕한테 말했습니다.

"임금님, 군대를 잘 훈련시킨 다음 전쟁을 일으켜 영토를 늘리십시오. 그러면 초나라는 다른 나라가 함부로 깔보지 못하는 큰 나라가 될 것입니다. 저는 무술을 많이 익혔으니 임금님께 그 방법을 알려 드리겠습니다."

초나라 왕은 전쟁을 좋아하는 사람이었습니다. 그래서 시씨네 작은아들 말을 듣고 아주 기뻐하면서 작은아들을 초나라 장군으로 삼았습니다.

이렇게 해서 시씨 형제는 모두 큰 벼슬을 얻게 되었습니다. 덕분에 시씨네 집안도 떵떵거리며 잘살게 되었지요.

그런데 그 마을에는 '맹'씨 성을 가진 이웃이 있었습니다. 그 집에도 두 아들이 있었는데, 시씨네처럼 큰아들은 학문을 좋아하고, 작은아들은 무술을 좋아했지요.

시씨 형제가 모두 출세를 하게 되자, 맹씨 형제는 시씨네 집을 찾아갔습니다.

"여보게, 어떻게 해서 그렇게 높은 벼슬을 얻어 출세를 할 수 있었나? 그 방법을 우리한테도 좀 알려 주게."

시씨 형제는 맹씨 형제한테 자기네가 했던 방법을 그대로 알려 주었습니다.

"음, 그리 어렵지도 않은 일이군."

맹씨 형제는 시씨 형제가 했던 방법을 그대로 따라 하기로 했습니다.

학문을 좋아하는 맹씨네 큰아들은 진나라로 갔습니다. 그리고 진나라 왕한테 말했습니다.

"임금님, 나라를 다스릴 때에는 어질고 너그럽게 다스려야 합니다. 그래야 백성들도 평화롭게 살 수 있고, 이웃 나라와도 사이좋게 지낼 수 있습니다. 저는 학문을 많이 닦았으니 임금님께 그 방법을 알려 드리겠습니다."

하지만 진나라 왕은 전쟁을 좋아하는 사람이었습니다. 그래서 맹씨네 큰아들 말을 듣고 크게 화를 냈습니다.

"뭐라고? 여러 나라들이 서로 이기려고 싸우는 판국에 나더러 어질고 너그럽게 나라를 다스리라구? 너는 우리 진나라를 어떻게 하면 망하게 할까 그 궁리를 하고 왔구나!"

진나라 왕은 병사들에게 맹씨네 큰아들을 호되게 곤장을 때려 내쫓아 버리라고 명령했습니다.

무술을 좋아하는 맹씨네 작은아들은 위나라로 갔습니다. 그
리고 위나라 왕한테 말했습니다.

"임금님, 군대를 잘 훈련시킨 다음 전쟁을 일으켜 영토를 늘
리십시오. 그러면 위나라는 다른 나라가 함부로 깔보지 못하는
큰 나라가 될 것입니다. 저는 무술을 많이 익혔으니 임금님께 그
방법을 알려 드리겠습니다."

하지만 위나라 왕은 학문을 좋아하는 사람이었습니다. 그래서
맹씨네 작은아들 말을 듣고 마구 화를 냈습니다.

"뭐라구? 나더러 전쟁을 일으키라구? 안 그래도 여러 나라들
이 사이가 안 좋아 세상이 어지러운데, 나까지 전쟁에 끼어들란
말이냐? 너는 전쟁이나 부추기고 돌아다니는 아주 몹쓸 놈이로

구나! 네놈을 그냥 내버려 두면 큰일 나겠다."

위나라 왕은 병사들에게 맹씨네 작은아들을 호되게 곤장을 때려 내쫓아 버리라고 명령했습니다.

이렇게 해서 맹씨네 두 아들은 벼슬은커녕 실컷 곤장만 맞고 집으로 돌아왔습니다. 그러고는 시씨네 형제한테 속았다며 욕을 퍼부었습니다.

맹씨 형제 일을 알게 된 시씨 형제는 이렇게 말했습니다.

"세상일은 때와 장소에 따라 달라지게 마련이니 무슨 일을 하려면 때와 장소를 잘 가려서 해야지요. 우리가 쓴 방법이 무조건 옳다고 생각하고, 아무한테나 가서 그 방법을 썼으니 그런 봉변을 당한 것이지요. 자기 어리석음은 깨닫지 못하고 왜 우리를 원망하는 거요?"

도움말 성급한 일반화의 오류

맹씨 형제는 무엇을 잘못 생각한 것일까요?

시씨 형제가 쓴 방법을 때와 장소를 가릴 것 없이 옳은 방법이라고 생각한 것이 잘못이지요.

어떤 특별한 경우에만 맞는 판단을 때와 장소를 가릴 것 없이 두루 맞는 판단이라고 여기는 오류를 **성급한 일반화의 오류**라고 합니다.

'일반화'라는 말이 좀 낯선가요?

일반은 '두루 맞음'이라는 뜻이니, **일반화**라는 말은 '두루 맞는 것으로 만든다.'는 뜻이지요.

맹씨 형제는 시씨 형제가 쓴 방법을 어떤 왕한테나 두루 맞는 방법이라고 일반화시켰던 것입니다.

하지만 이건 좀 성급한 생각이었지요?

그래서 맹씨 형제가 봉변을 당한 것이지요.

이런 오류도 우리가 흔히 저지르기 쉬운 오류입니다.

어떤 사람이 아주 못된 의사를 만나 터무니없이 비싼 치료비를 물게 되었습니다. 그는 화가 나서 이렇게 말했습니다.

"의사들은 다 사기꾼이야!"

여러분도 이런 식의 말을 많이 들어 봤죠? 이것도 '성급한 일반화의 오류'입니다.

못된 의사 몇몇 사람만 보고 '의사들은 모두 다 사기꾼'이라고 말할 수는 없는 노릇이지요.

또 나쁜 '지역 감정'을 품은 말들도 그렇습니다.

"전라도 사람들은 다 약삭빠른 사람들이야."

이런 판단도 '성급한 일반화의 오류'를 저질렀지요? 전라도 사람 가운데에는 이런 사람도 있고 저런 사람도 있는데, '다 약삭빠르다.'고 성급하게 일반화시켰으니 말입니다.

또 '미인박명'이라는 말이 있습니다.

이것은 '미인들은 일찍 죽는다.'는 뜻이지요. 이 말도 '성급한 일반화의 오류'를 저지르고 있습니다. 몇몇 미인들이 일찍 죽는 것을 보고, 모든 미인들이 다 일찍 죽는 것처럼 일반화시켰기 때문이지요.

'성급한 일반화의 오류'에 또 어떤 예들이 있는지 더 찾아보세요.

알아맞혀 보세요!

다음 예들은 어떤 점에서 '성급한 일반화의 오류'를 저지르고 있는지 살펴보세요.

- 제가 아는 어떤 할아버지는 콜라를 늘 즐겨 드셨는데, 백 살까지 장수하다 돌아가셨습니다. 그러니 콜라를 즐겨 마시는 것은 장수하는 비결임에 틀림없습니다.

- 샛별 초등학교 아이들은 다 멍청이들이야. 샛별 초등학교에 다니는 준규가 얼마나 멍청한 짓을 많이 하는지를 보면 잘 알 수 있어.

● 뭐? 상우가 선생님한테 대들었는데, 선생님이 상우를 칭찬
하며 빵을 사 주셨다구? 옳지! 그렇다면 나도 선생님한테
대들어 봐야지.

누가 오래 참나!

이웃집 아주머니가 새로 이사를 왔다며 떡을 가지고 왔습니다. 집을 지키고 있던 개똥이와 쇠똥이는 그야말로 "이게 웬 떡이냐!" 했겠지요.

개똥이는 얼마 되지도 않는 떡을 동생 쇠똥이와 나눠 먹기가 아까웠습니다. 그래서 꾀를 부렸지요.

"쇠똥아, 우리 내기할까?"

"무슨 내기?"

"'누가 오래 참나' 하는 내기. 지금부터 서로 아무 말도 하지 말고, 몸도 움직이지 않는 거야. 먼저 말을 하거나 몸을 움직이는 사람이 지는 거지. 이기는 사람이 이 떡을 혼자 다 먹기로 하자. 어때?"

"좋아!"

쇠똥이도 대뜸 찬성했습니다.

개똥이와 쇠똥이는 떡 접시를 가운데 놓고 앉아 내기를 시작했지요.

입이 근질근질했지만 꾹 참았습니다.

고소한 떡 냄새에 침이 꼴깍 넘어갔지만 꾹 참았습니다.

등이 가려웠지만, 그것도 꾹 참았습니다.

한 시간쯤 지났습니다.

도둑이 담을 넘어 들어왔습니다.

개똥이는 가슴이 덜컥 내려앉았습니다.

'이크, 도둑이 들어왔구나! 고함을 지를까? 아니야. 그러면 저 떡을 쇠똥이 녀석한테 다 빼앗기겠지?'

도둑은 살금살금 마루로 기어 왔습니다.

개똥이는 마음이 조마조마했습니다.

'쇠똥이 녀석도 도둑이 들어온 걸 알 텐데, 왜 꿈쩍도 않지? 아이구, 답답해!'

도둑이 방문을 삐꺽 열었습니다. 그러다 사람이 앉아 있는 것을 보고 깜짝 놀랐습니다.

"이크, 사람이 있었잖아!"

도둑은 냉큼 달아나려다가 문득 이상한 생각이 들어 개똥이와 쇠똥이를 살펴보았습니다.

"엥? 그런데 저 녀석들은 왜 고함을 지르지 않고, 눈만 말똥말똥 뜨고 있지? 벙어리인가?"

도둑은 고개를 갸웃거렸습니다.

"말은 못하더라도 나를 봤으면 도망을 가야 할 것 아니야? 앞도 못 보나?"

도둑은 쇠똥이와 개똥이 앞에서 손을 휘휘 저어 보았습니다.

개똥이는 가슴이 부글부글 끓었습니다.

'아유, 조 얄미운 쇠똥이 녀석! 그래, 형한테 끝내 이겨 보겠다 이거지? 오냐, 나라고 질 수는 없지.'

도둑은 껄껄껄 웃었습니다.

"하하하, 말도 못하고 앞도 못 보고……. 그러니까 내가 온 줄도 모르겠군. 그렇다면 걱정할 필요도 없잖아?"

도둑은 방 안을 뒤져 물건을 챙기기 시작했습니다. 장롱 속에 숨겨 둔 어머니 금반지도 꺼내고, 서랍 속에 든 아버지 시계도 꺼냈습니다.

개똥이는 안절부절못하며 어쩔 줄을 몰랐습니다.

'아이고, 저 도둑이 우리 집 물건을 다 훔쳐 가네……. 그래도 쇠똥이 녀석한테 질 수야 없지.'

도둑은 집 안의 귀중품을 다 챙겨 넣더니, 돌부처처럼 꼼짝 않고 앉아 있는 개똥이와 쇠똥이를 힐끗 쳐다보았습니다.

"집 안을 구석구석 다 뒤지는 동안 이 녀석들은 손가락 하나 꼼짝하지 않는군. 거참, 별 괴상한 녀석들을 다 보겠네."

개똥이는 가슴이 터질 것만 같았습니다.

'아이고, 도둑이 달아나기 전에 고함을 쳐야 하는데…….'

도둑은 호탕하게 껄껄껄 웃으며 방문을 나섰습니다.

"하하하, 오늘은 재수가 좋은 날이야!"

도둑이 다시 담을 넘어가려 하자, 개똥이는 더 이상 참지 못하고 버럭 소리를 질렀지요.

"도둑이야! 도둑이야!"

그러자 쇠똥이가 냉큼 떡을 집어 들며 말했습니다.

"히히히, 이 떡은 이제 내 거야!"

원칙 혼동의 오류

우리가 어떤 판단을 할 때에는 지켜야 할 여러 가지 원칙들이 함께 뒤섞여 있는 경우도 많습니다.

예를 들어 볼까요?

여러분이 일제 시대에 살고 있다고 해 봅시다. 독립군 아저씨가 일본 경찰에게 쫓겨 여러분의 집 뒷방에 숨었습니다.

일본 경찰이 쫓아와 여러분을 다그칩니다.

"이쪽으로 도망쳐 온 사람 못 봤나?"

이때 여러분은 "사람은 정직해야 한다."는 원칙과 "독립군 아저씨를 일본 경찰에게 넘겨서는 안 된다."는 원칙 가운데 어느 원칙을 먼저 지켜야 할지 고민에 빠질 것입니다.

여러분은 어떤 원칙을 지키는 게 옳다고 생각하세요?

여러 가지 원칙 가운데에는 먼저 지켜야 할 원칙과 그에 뒤따라 지켜야 할 원칙이 있습니다. 그리고 그때의 조건에 가장 알맞은 원칙이 가장 먼저 지켜야 할 원칙이지요.

먼저 지켜야 할 원칙과 그에 뒤따라 지켜야 할 원칙을 혼동하여 원칙을 잘못 따를 때 생기는 오류를 **원칙 혼동의 오류**라고 합니다.

앞의 경우에서 "사람은 정직해야 한다."는 원칙을 먼저 지켜 일본 경찰한테 독립군 아저씨가 숨은 곳을 정직하게 일러 준다

169

면, 여러분은 '원칙 혼동의 오류'를 저지르게 되는 것입니다.

앞 이야기에 나오는 개똥이와 쇠똥이도 '원칙 혼동의 오류'를 저질렀습니다. "내기에서 이겨야 한다."는 원칙만 앞세워, "도둑을 쫓아야 한다."는 원칙은 무시해 버렸으니까요.

또 다른 예를 들어 볼까요?

"선장은 배와 함께 가라앉는다."는 말이 있습니다. 선장은 배의 책임자이므로 배가 난파되어 가라앉을 때, 승객이나 선원들을 먼저 피신시켜야지, 자기가 먼저 빠져나가려고 들면 안 된다는 뜻에서 나온 말이지요.

그런데 선장이 피신할 시간이 충분히 있음에도 불구하고, "선장은 배와 함께 가라앉는다."는 원칙을 지키려고 일부러 피신하지 않는다면 어떨까요?

이것도 '원칙 혼동의 오류'를 저지르는 것입니다. 그리 다급한 상황이 아니라면, "선장은 배와 함께 가라앉는다."는 원칙보다는 "목숨을 건져야 한다."는 원칙을 먼저 지켜야 하니까요.

알아맞혀 보세요!

여러분은 다음과 같은 경우라면 어떤 결정을 하겠습니까? 왜 그런 결정을 했는지 이유도 들어 보세요. 또 다른 방법이 있다면 그 방법을 말해 보세요.

● 배가 조난을 당해 태평양 한가운데 표류하게 되었습니다. 먹을 것이 없어 노인과 환자 들은 굶어 죽게 될 형편이었지요. 그때 선장 아저씨가 여러분이 껴안고 있는 강아지 복슬이를 바라보며 이렇게 말했습니다.

"네가 복슬이를 얼마나 사랑하는지는 잘 안다. 하지만 사람들의 목숨을 구하려면 복슬이라도 잡아먹어야 할 형편이야. 물론 억지로 그렇게 하자는 말은 하지 않겠다. 네 스스로 결정하도록 해라."

자, 여러분은 이런 경우에 어떤 결정을 내리겠습니까?

● 군대에서는 "상관의 명령에 무조건 복종해야 한다."는 원칙이 있습니다.

여러분이 자라서 군대에 가게 되었다고 합시다.

어느 날, 상관이 오더니 어떤 사람을 흠씬 때려 주고 오라는 명령을 내렸습니다. 그 사람이 자기한테 욕을 했다는 것이지요.

단지 욕을 했다는 이유만으로 사람을 때리는 것은 옳지 않은 행동입니다. 하지만 상관의 명령에 복종하지 않는 것도 군인의 원칙에 어긋나는 행동입니다.

자, 여러분은 이런 경우에 어떤 결정을 내리겠습니까?

닭의 목을 비틀어도 새벽은 온다

"꼬끼오 꼬꼬오!"

새벽이 되면 수탉이 이렇게 홰를 치며 소리를 칩니다. 그러면 농장의 하루가 시작됩니다.

일꾼들은 자리에서 일어나 마당을 쓸고, 그날 할 일을 준비해야 하지요.

그런데 이 농장에는 아주 게으른 일꾼이 있었습니다.

"아유, 졸려! 또 망할 놈의 새벽이 왔구나. 새벽 따위는 제발 안 왔으면 좋겠어. 잠 좀 실컷 자게 말이야."

게으른 일꾼은 아침에 일어날 때마다 늘 이렇게 투덜거렸습니다.

"새벽이 안 오게 하는 방법이 없을까?"

게으른 일꾼은 마당을 쓸다 말고, 종종걸음을 치며 돌아다니는 수탉을 흘겨보았습니다.

"얄미운 놈! 새벽이 오면 저놈이 맨 먼저 일어나 소리를 친단 말야."

그러다 갑자기 엉뚱한 생각이 떠올랐습니다.

"가만있자…… 그렇다면 저놈을 죽여 버리면 새벽이 오지 않겠군!"

게으른 일꾼은 무릎을 탁 치며 좋아했습니다.

그날 저녁, 일꾼은 아무도 몰래 수탉을 숲 속으로 끌고 갔습니다.

"난 새벽이 오는 건 질색이야. 그런데 네놈은 늘 시끄럽게 소리를 쳐서 새벽을 불러오거든. 그러니 넌 죽어야 해."

173

수탉은 깜짝 놀랐습니다.

"새벽은 제가 불러오는 게 아니에요. 저는 단지 남들보다 좀 부지런할 뿐이에요."

"듣기 싫어!"

일꾼은 잔인하게 목을 비틀어 수탉을 죽여 버렸습니다.

"이젠 새벽이 오지 않겠지. 그럼 이제부터 실컷 잠을 좀 자 볼까?"

일꾼은 손을 탁탁 털며 방으로 들어가 잠을 잤습니다.

다음 날, 농장에는 새벽이 되어도 수탉이 울지 않았습니다.

수탉이 울지 않아도 사람들은 모두 일찍 일어나 부지런히 일을 했습니다. 어째서 수탉이 울지 않았는지 좀 이상하게 생각하기는 했지만요.

그러나 게으른 일꾼만은 쿨쿨 잠만 자고 있었습니다. 수탉을 죽였으니 새벽이 오지 않을 거라고 믿고 안심한 것이지요.

게으른 일꾼이 보이지 않자, 농장 사람들은 일꾼 방으로 가 보았습니다.

"이런 게으름뱅이 같으니라구! 한나절이 되도록 잠만 자고 있군. 썩 일어나지 못해!"

사람들은 게으른 일꾼을 두들겨 깨웠습니다.

일꾼은 눈을 비비며 일어나더니 고개를 갸웃거렸습니다.

174

"어? 날이 밝았어요? 이상하다, 수탉도 없는데 어떻게……."

게으른 일꾼은 무심코 이렇게 중얼거렸습니다.

농장 사람들은 그 말을 듣고 깜짝 놀랐습니다.

"뭐라구? 이제야 알겠군. 바로 저 게으름뱅이가 수탉을 죽인 거야."

"어쩐지 오늘 수탉이 울지 않더라니……."

"예끼, 이 게으른 놈! 어디 혼 좀 나 봐라!"

농장 사람들은 게으른 일꾼을 마구 때려 농장에서 내쫓아 버렸습니다.

농장에서 쫓겨난 일꾼은 엉엉 울면서 중얼거렸지요.

"아이고, 닭의 목을 비틀어도 새벽은 오는구나……."

도움말 **거짓 원인의 오류**

게으른 일꾼은 "수탉 때문에 새벽이 온다."고 판단하고 수탉을 죽였습니다.

일꾼은 무엇을 잘못 판단한 것일까요?

그래요. 원인을 잘못 판단한 것이지요. 새벽이 오는 까닭은 지구가 돌기 때문이지, 수탉 때문은 아니잖아요?

그런데 게으른 일꾼은 새벽이 오는 원인을 수탉이 울기 때문이라고 판단한 것입니다.

이렇게 원인을 잘못 판단했을 때 생기는 오류를 **거짓 원인의 오류**라고 합니다.

예를 들어 볼까요?

보람이는 학교 가는 길에 그만 똥을 밟고 말았습니다.

그런데 그날, 선생님이 느닷없이 용의 검사를 하더니, 손톱이 길다며 보람이를 심하게 꾸중했습니다.

보람이는 이렇게 투덜거렸습니다.

"아침부터 재수 없게 똥을 밟더니 결국 선생님한테 꾸중을 듣는구나."

이때 보람이는 '거짓 원인의 오류'를 저지른 것입니다.

선생님한테 꾸중을 들은 원인은 '손톱이 길다'에 있는 것이지 '똥을 밟았다'에 있는 게 아니잖아요?

또 아름이는 자기 공부방이 없어서 늘 투덜거립니다.

"제가 성적이 나쁜 까닭은 공부방이 없기 때문이에요. 공부방을 만들어 주면 성적이 오를 거예요."

이것도 '거짓 원인의 오류'가 아닐까요?

성적이 나쁜 원인이 공부방이 없기 때문인지 아닌지는 여러분 스스로 곰곰이 생각해 보세요.

알아맞혀 보세요!

우리 속담 가운데에도 '거짓 원인의 오류'를 담고 있는 것이 많습니다. 다음 속담 가운데 거짓 원인의 오류를 담고 있는 것은 어떤 것일까요? 어째서 거짓 원인의 오류인지 그 이유도 들어 보세요.

• 암탉이 울면 집안이 망한다.

• 콩 심은 데 콩 난다.

- 여자 셋이 모이면 접시가 깨진다.

- 까마귀 날자 배 떨어진다.

- 윗물이 맑아야 아랫물이 맑다.

어미 게와 아기 게

바닷가에 옹기종기 게 식구들이 모여 살았습니다.

어느 날, 어미 게는 귀여운 아기 게들을 데리고 따뜻한 모래밭으로 나왔답니다.

어미 게는 아기 게들한테 말했어요.

"자, 얘들아, 어디 한번 걸어 볼까!"

뒤뚱뒤뚱, 아장아장, 비틀비틀.

아기 게들은 모래밭을 걸어다녔어요.

그때 어미 게가 커다란 집게발을 딱딱 치며 말했어요.

"얘, 얘, 얘들아! 그렇게 삐딱하게 걸으면 못써요! 앞을 보며 똑바로 걸어야지."

뒤뚱뒤뚱, 아장아장, 비틀비틀.

아기 게들은 어미 게가 말한 대로 앞을 보며 똑바로 걸으려고 애썼습니다.

하지만 아무리 애를 써도 자꾸 옆으로만 갔습니다.

"그렇게 옆으로 걸으면 못쓴다고 했지? 똑바로 걸으란 말이야!"

어미 게는 뾰족한 눈을 곤추세우고 꾸중을 했어요.

뒤뚱뒤뚱, 아장아장, 비틀비틀.

아기 게들은 낑낑거리며 걸었지만 똑바로 걸을 수가 없었습니다.

아기 게들은 입을 모아 말했습니다.

"앙! 앙! 도저히 못하겠어요. 어떻게 걸어야 똑바로 걸을 수 있는지 엄마가 한번 시범을 보여 주세요. 그러면 저희도 따라 할게요."

어미 게는 방긋 웃으며 말했습니다.

"그럼 눈을 또랑또랑 뜨고 잘 봐. 바로 이렇게 걷는 거야!"

뒤뚱뒤뚱, 비틀비틀.

어미 게는 옆으로 걸었습니다.

아기 게들이 깔깔깔 웃었어요.

"어? 엄마도 옆으로 걷네. 하하하, 우습다!"

어미 게는 큼큼 헛기침을 하며 말했어요.

"자, 다시 한 번 해 볼게, 잘 봐."

어미 게는 다시 걸었습니다.

뒤뚱뒤뚱, 비틀비틀.

그러나 또 옆으로 걸었지요.

아기 게들은 마구 웃었어요.

"하하하! 엄마도 옆으로 걷는다! 엄마도 옆으로 걷는다!"

"그러면서 우리더러만 똑바로 걸으라고 하잖아?"

"하하하! 엄마는 엉터리야!"

그러자 어미 게는 커다란 집게발을 딱딱 치며 말했어요.

"자, 조용히! 엄마가 똑바로 못 걷는다고 해서, 너희들까지 똑바로 못 걸어도 된다고 생각한다면, 그건 잘못된 생각이야. 그게 왜 잘못된 생각인지는 뒤에 나오는 '도움말'을 잘 읽어 봐."

어미 게 말에 아기 게들은 모두 어리둥절했어요.

어미 게는 이렇게 설명했어요.

"엄마는 걸음마를 가르쳐 주려고 너희를 모래밭으로 데려온 게 아니라, 바른 논리를 가르쳐 주려고 데려온 거야. 사람들은 우리 이야기를 읽고 나서 '너도 잘못했으니 나도 잘못해도 된다.'는 식으로 생각하곤 하지. 그렇지만 그건 틀린 생각이야."

어미 게는 빙그레 웃으며 말했어요.

"엄마가 똑바로 못 걷는다고 해서 너희들까지 마음 놓고 삐딱하게 걷는다면, 우리 게들은 앞으로도 계속 삐딱하게만 걷게 되지 않겠니? 엄마가 잘못한 일은 너희가 고쳐 주고, 너희가 잘못한 일은 엄마가 고쳐 주고……. 이렇게 하면 서로 참 좋겠지?"

아기 게들은 조그만 집게발을 딱딱 치며 외쳤습니다.

"네, 엄마! 우리 그렇게 해요!"

"그러면 우리 게들도 점점 더 똑바로 걸을 수 있게 될 거야!"

"똑똑한 우리 엄마, 만세!"

어미 게와 아기 게들은 깔깔깔 웃으며 좋아했어요.

피장파장의 오류

'피장파장'이란 '서로 마찬가지'라는 뜻입니다.

"엄마가 똑바로 걷지 못하니, 우리도 똑바로 걷지 못해도 된다."

이건 '엄마나 우리나 마찬가지'라는 뜻에서 나온 판단입니다. 하지만 이런 판단은 오류입니다.

"어미 게가 똑바로 걷느냐, 못 걷느냐."는 판단은 "아기 게가 똑바로 걷느냐, 못 걷느냐."는 판단과 서로 다른 판단입니다.

그러므로 "어미 게는 똑바로 걷지 못한다."는 사실은 "아기 게도 똑바로 걷지 못해도 된다."는 사실을 뒷받침할 근거가 될 수 없습니다.

"저것이 이러저러하니, 이것도 이러저러하다."는 식으로 마찬가지인 다른 것을 근거로 삼아 어떤 결론을 끌어낼 때 생기는 오류가 바로 **피장파장의 오류**입니다.

'피장파장의 오류'는 우리 주변에 아주 흔합니다.

"쳇, 아빠도 초등학교 때 공부를 못했다면서 만날 나한테만 공부 잘하라고 꾸중을 해!"

이런 식으로 말한다면 '피장파장의 오류'를 저지르는 것입니다. "아빠는 초등학교 때 공부를 못했다."는 사실이 "나는 지금 공부를 못해도 좋다."는 판단을 뒷받침하는 근거가 될 수는 없으니까요.

또 여러분이 돈을 주웠는데, 이렇게 생각했다고 합시다.

'이 돈을 경찰서에 가져가도 어차피 주인한테 돌려줄 수는 없을 거야. 경찰 아저씨가 갖고 있으나 내가 갖고 있으나, 주인한테 돌려줄 수 없기는 마찬가지야. 그러니 그냥 내가 가져야지.'

이런 판단도 '피장파장의 오류'입니다.

"경찰 아저씨가 돈을 주인한테 돌려줄 수 없다."는 사실은 "내가 돈을 주인한테 돌려주지 않고 가져도 된다."는 판단을 뒷받침하는 근거가 될 수 없습니다.

자, 이제 '피장파장의 오류'가 어떤 것인지 잘 알겠지요?

앞으로는 "너도 잘못했으니 나도 잘못해도 된다."는 식의 주장은 하지 말기로 해요. 그건 '너'와 '나'를 함께 잘못된 길로 빠지게 할 아주 위험한 주장이니까 말이에요.

알아맞혀 보세요!

다음 예들은 어째서 '피장파장의 오류'를 담고 있는지 생각해 보세요.

• 일회용품을 쓰지 말라고요? 하지만 다른 사람들도 다 일회용품을 쓰잖아요?

- 반장도 청소 안 하고 노는데, 우리라고 안 놀 수 있어?

- 너는 얼마나 공부를 잘하기에 나더러 공부를 못한다고 하니?

- 쓰레기 분리수거는 할 필요가 없어. 내가 아무리 열심히 쓰레기 분리수거를 해도 쓰레기 처리장에서 다시 섞어 버리면 결국 마찬가지가 되잖아?

고맙다, 논리야!

아버지는 윤녕이에게 논리에 대한 여러 가지 이야기들을 죽 들려주고 나서 말했습니다.

"어때? 우리가 알게 모르게 저지르는 오류가 무척 많지?"

"예, 정말 그래요. 그런데 아빠, 모든 일을 하나하나 논리로만 따지면 너무 골치 아프지 않을까요? 아빠 얘기를 죽 듣다 보니 숨이 막힐 것 같아요. 이런 말은 오류가 아닐까, 저런 말은 오류가 아닐까……. 어휴!"

윤녕이는 한숨을 쉬며 고개를 절레절레 흔들었습니다.

아버지는 그 모습을 보고 하하하 웃음을 터뜨렸습니다.

"그래, 네 말도 맞다. 모든 일을 너무 논리로만 따지려 들면 재미가 없을 거야. 또 오류를 저지를까 봐 너무 두려워하다가 아예 아무런 판단도 못한다면 그것부터가 오류지. 너, 이게 무슨 오류인지 아니?"

"뭐가요?"

"오류를 저지를까 봐 너무 두려워하다가 아예 아무런 판단도 못하는 오류 말이야. 아까 배웠는데……."

"그건……."

윤녕이는 고개를 갸우뚱했습니다.

아버지는 안경을 치켜올리며 말했습니다.

"원칙 혼동의 오류겠지! '판단을 해야 한다.'는 원칙보다 '오류를 저지르지 말아야 한다.'는 원칙을 더 앞세우니 말이야."

윤녕이는 입을 삐죽 내밀었습니다.

"아유, 아빠, 이제 그만 좀 하세요. 머리가 터질 것 같아요!"

아버지는 고개를 갸웃거리며 말했습니다.

"가만있자…… 논리 때문에 머리가 터진다? 그 말도 오류가 아닐까?"

그 말에 윤녕이는 꺅 소리를 질렀습니다.

"아빠!"

"하하하, 장난으로 해 본 말이야."

윤녕이와 아버지는 마주 보며 웃었습니다.

"사람은 원칙대로만 움직이는 기계가 아니기 때문에 오류를 저지르는 건 아주 당연한 거야. 그리고 오류가 반드시 나쁜 것만도 아니지."

"어째서 그렇죠?"

"'실패는 성공의 어머니'라는 말도 있잖니? 오류를 저지른 사람은 그 오류를 거울삼아 더 발전할 수 있는 거야."

"하지만 오류를 저지르게 되면 당장 창피하잖아요."

"창피하다구? 그렇지 않아. 너, 기차를 처음 만든 사람이 누군지 아니?"

"영국의 스티븐슨이오!"

아버지는 깜짝 놀라는 표정을 지었습니다.

"어? 우리 윤녕이가 제법인데. 어떻게 알았니?"

"사실은 며칠 전에 위인전에서 읽었어요."

아버지는 빙긋 웃으며 말을 이었습니다.

"스티븐슨이 처음 만든 증기 기관차는 아주 볼품이 없었대. 형편없이 느린 데다가 짐을 조금만 많이 실어도 아예 움직이지 않았지. 게다가 소리는 엄청나게 요란해서 기관차를 탄 사람은 고막이 터질 지경이었어. 그래서 사람들은 곧잘 스티븐슨을 놀려 댔다더구나. 마차만도 못한 고철덩어리가 소리만 요란하다고 말이야. 이런 소리를 들을 때마다 스티븐슨도 무척 창피했겠지. 하지만 스티븐슨은 이런 비웃음에 굽히지 않고, 자기가 만든 증기 기관차가 뭐가 잘못되었는지 계속 검토했어. 그래서 십 년 뒤에는 자기를 놀리던 사람들의 코를 납작하게 해 줄 만큼 멋진 증기 기관차를 만들어 냈지."

"네, 제가 읽은 위인전에도 그렇게 적혀 있었어요."

아버지는 고개를 끄덕였습니다.

"오류를 저지르는 것은 조금도 창피한 일이 아니야. 진짜 창피한 일은 도리어 오류를 저지르는 게 창피하다고 해서 아무 일도 안 하는 것이지. 아빠 말뜻을 알겠니?"

윤녕이는 방긋 웃으며 또박또박 대답했습니다.

"네! 오류를 두려워하지 말고 노력해라, 만일 오류를 저지르게 되면 그것을 거울삼아 더욱 분발해라, 이런 뜻이죠?"

아버지는 놀랍다는 표정으로 윤녕이를 바라보았습니다.

"이야! 우리 윤녕이 똑똑한걸. 정말 아빠 말을 또박또박 잘 정리하는구나."

"그럼요! 여태까지 지겨워도 꾹 참고 논리 공부를 해 왔으니까요."

아버지는 기분 좋게 껄껄껄 웃었습니다.

"이럴 때 논리한테 꼭 해 줄 말이 하나 있잖니?"

윤녕이는 고개를 갸웃했습니다.

"무슨 말요?"

"지금 이 책 제목!"

"아하!"

아버지는 윤녕이에게 한쪽 눈을 찡긋해 보였습니다.

"우리 같이 외쳐 볼까?"

"좋아요!"

아버지와 윤녕이는 함께 큰 소리로 외쳤습니다.

"고맙다, 논리야!"

알아맞혀 보세요 **해설**

마흔일곱 번째 이야기

"실패는 성공의 어머니이다."에서 쓰인 '어머니'와 "어머니는 여자이다."에서 쓰인 '어머니'는 같은 개념이 아니지요?

"죄를 지은 사람은 벌을 받는다."에서 쓰인 '벌'이라는 개념과 "벌을 받아서 키우면 꿀을 얻을 수 있다."에서 쓰인 '벌'이라는 개념도 서로 다른 개념입니다.

마흔여덟 번째 이야기

철학자는 "어떤 주장도 해서는 안 됩니다." 하고 '주장을 한' 셈이지요? 무기 장사꾼은 몇 달 동안 연구하여 '어떤 창도 막아 내는 방패'를 새로 개발해 냈을 수도 있습니다.

마흔아홉 번째 이야기

배중률에 어긋난 부분은 스스로 찾아보세요. 이 말들은 다음과 같이 바꾸어 쓰는 편이 좋습니다.

- 귀신이 있는지 없는지는 아직 밝혀지지 않았다.
  (또는 "귀신은 이러이러한 경우에는 있지만, 저러저러한 경우에는 없다.")

- 그 문제의 이러이러한 점은 알겠지만, 저러저러한 점은 모르

겠어요.

● 나는 슬기의 이러이러한 점은 좋지만, 저러저러한 점은 싫다. 배중률을 어기는 것은 문제를 얼렁뚱땅 얼버무려 버리려는 태도에서 나오기 쉽답니다. 무엇이든 딱부러지게 말하는 태도가 좋겠지요?

쉰 번째 이야기
● 토끼 : 간을 꺼내 바위에 널어 놓고 왔습니다. (⇨ 거짓말)
   용왕 : 그럼 뱃속에는 간이 없겠군. (⇨ 오류)

● 양치기 소년 : 으악! 이번에는 진짜로 늑대가 나타났어요!
                                 (⇨ 참말)
   마을 사람들 : 흥! 저 녀석이 또 거짓말을 하는구나. (⇨ 오류)

● 여우 : 까마귀님 목소리는 세상에서 가장 고와요. (⇨ 거짓말)
   까마귀 : 아무렴, 내 목소리는 정말 곱지. (⇨ 오류)

   * '쉰한 번째 이야기' 이후에 나오는 '알아맞혀 보세요'는 문제라기보다는 '도움말' 내용에 대한 '예'에 가깝습니다.
   차근차근 읽으며 '도움말'에서 읽은 내용을 되새겨 보세요.

이야기로 익히는 논리 학습 ❸

고맙다, 논리야

1992년 12월 15일 1판 1쇄
1994년 1월 10일 2판 1쇄
2002년 5월 30일 3판 1쇄
2022년 1월 30일 3판 20쇄
2023년 3월 30일 4판 1쇄
2024년 9월 11일 4판 3쇄

글쓴이 위기철
그린이 김우선

편집 최옥미, 최일주 **제작** 박흥기 **마케팅** 이병규, 양현범, 이장열, 김지원 **홍보** 조민희
출력 한국커뮤니케이션 **인쇄** 천일문화사 **제책** J&D바인텍
펴낸이 강맑실 **펴낸곳** (주)사계절출판사 **등록** 제 406-2003-034호
주소 (우)10881 경기도 파주시 회동길 252 **전화** 031)955-8588, 8558
전송 마케팅부 031)955-8595 | 편집부 031)955-8596 **홈페이지** www.sakyejul.net
전자우편 skj@sakyejul.com **블로그** blog.naver.com/skjmail
인스타그램 instagram.com/sakyejulkid **페이스북** facebook.com/sakyejulkid

ⓒ 위기철, 1992

ISBN 979-11-6981-115-6 03170
       979-11-6981-123-1 (세트)